视频导读

超值内容详解

本书配有9个视频文件，其中01~07是三阶魔方层先法的还原方法，“实例”是一个完整的复原过程，“转动手法”是教给读者正确的姿势，为后期的提速做准备。用手机扫描书中二维码，即可观看相应视频。由于视频文件较大，微信二维码工具不能支持，需用带有二维码扫描功能的浏览器扫描（如UC浏览器、360浏览器等）。您可在线观看，也可下载后观看。

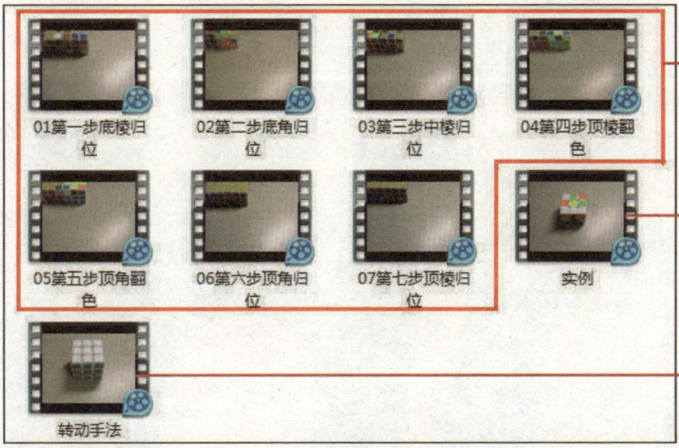

三阶魔方层先法还原之路分步视频（01~07）

完整的层先法还原视频

转动手法视频，教会读者正确的转动姿势

01 第一步底棱归位

02 第二步底角归位

03 第三步中棱归位

04 第四步顶棱翻色

05 第五步顶角翻色

06 第六步顶角归位

07 第七步顶棱归位

实例

转动手法

Rubi

玩转魔方！

每个人都能学会的魔方玩法与技巧

The Rubik's cube tricks everyone can learn

陈学思　王德阳　编著

k's
cube

中国铁道出版社有限公司
CHINA RAILWAY PUBLISHING HOUSE CO., LTD.

内 容 简 介

魔方（Rubik's Cube）又叫魔术方块，也称鲁比克方块。魔方与“华容道”、“独立钻石”被称为智力游戏界的三大不可思议。而魔方受欢迎的程度更是智力游戏界的奇迹。

本书从6个章节和2个附录来介绍与魔方有关的知识、人物、技巧等。首先对魔方进行大概的介绍，包括魔方的发展历程、种类、术语等。然后近距离介绍魔方，包括魔方的结构、拆装、打磨等。之后对三阶魔方的入门玩法进行了详细的叙述，力求让每一位读者都能学会魔方的复原。在介绍了入门方法之后还介绍了魔方的高级玩法（CFOP）、二阶/四阶/五阶以及SQ-1魔方的复原方法、魔方的花式玩法。最后介绍了魔方的传播、测速以及常用的魔方网站，让大家在学会各种魔方复原方法的同时，拓展自己的视野，让魔方融入到自己的生活当中。在附录中还提供了WCA各个项目的世界纪录，让大家了解世界级高手们的水平，同时还介绍其他手部极限运动，大家在玩魔方的同时也可以尝试这些新奇有趣的运动项目。

图书在版编目（CIP）数据

玩转魔方！：每个人都能学会的魔方玩法与技巧 / 陈学思，王德阳编著. — 北京：中国铁道出版社，2014.9（2023.7重印）

ISBN 978-7-113-18801-6

Ⅰ. ①玩… Ⅱ. ①陈… ②王… Ⅲ. ①智力游戏 Ⅳ. ①G898.2

中国版本图书馆CIP数据核字（2014）第129122号

书　　名： 玩转魔方！每个人都能学会的魔方玩法与技巧
WANZHUAN MOFANG！MEIGEREN DOUNENG XUEHUI DE MOFANG WANFA YU JIQIAO
作　　者： 陈学思　王德阳

策　　划： 苏　茜　吴媛媛　　**读者热线电话：**（010）83545974
责任编辑： 吴媛媛
责任印制： 赵星辰　　**封面设计：** 多宝格

出版发行： 中国铁道出版社有限公司（北京市西城区右安门西街8号　邮政编码：100054）
印　　刷： 国铁印务有限公司
版　　次： 2014年9月第1版　2023年7月第20次印刷
开　　本： 720 mm × 1000 mm　1/16　**印张：** 13.25　**插页：** 1　**字数：** 261千
书　　号： ISBN 978-7-113-18801-6
定　　价： 39.80元

推荐序

今年是鲁比克魔方诞生40周年。40年前，匈牙利建筑学教授厄尔诺·鲁比克为了帮助他的学生认识立方体的空间结构，发明了这个结构神奇的模型。26个小方块用一种奇妙的结构连接在十字轴心的周围，既能保证各个面能够自由转动，又能使整个结构稳定不松散。可是当这个六面涂有不同颜色的魔方被打乱后，鲁比克教授发现复原六个面成为了一项十分有趣而复杂的任务，于是他发现了其中的商机，开始向全世界推广这个神奇的魔方。魔方结构精巧，变化无穷，吸引了非常多的人来探索它的奥秘。这个本来是用来做教学工具的模型很快成为风靡世界的玩具。

魔方被发明出来的这40年，基本可以分为两个阶段。

第一个阶段是1974年到2002年，这段时间魔方作为玩具从匈牙利开始风靡世界。20世纪80年代，还在中国刮起一股魔方热潮，成为当时年轻人最青睐的玩具。在那个电脑和网络还没普及的时代，很多人都只能自行摸索还原方法，能够还原魔方成为一件津津乐道的事情。1982年，首届世界魔方锦标赛在匈牙利的布达佩斯举办，来自19个国家的19名选手参加了这场赛事，赛事只有一个项目，就是鲁比克三阶魔方的速拧比赛。最终，来自美国的Minh Thai以单次22.95秒的成绩夺得冠军，向全世界展示了魔方竞速的魅力。

第二个阶段是从2003年至今，2003年8月23～24日，第二届世锦赛时隔21年后重新举办。这场比赛相比于1982年的世锦赛，不但选手整体水平提高很多，而且项目也丰富了很多。世界魔方协会成立，魔方也正式进入竞速时代。2003年至今，魔方的竞技水平飞速发展。一方面得益于互联网和

计算机的发展，个人网站、论坛、贴吧等社交工具拉近了全世界魔友的距离，大家共同分享魔方技巧，共同探索魔方技术。计算机的发展也使魔方公式计算程序随之发展，人们借助计算机，可以更有效地寻找公式。另一方面是魔方结构的飞速进步，从最初鲁比克公司一家制造，到现在各种品牌魔方百家争鸣。针对竞速方面魔方的结构不断改善提高，更顺滑更大容错的魔方被不断地发明出来，魔方更顺手更好用，也让魔友们更有效地发挥竞技水平。

目前在中国，魔方仍是属于小众。主要原因是魔方复原有一定的门槛，在没有人指导的情况下，靠自己的摸索很难掌握魔方的复原方法，这也正是这本书出版的目的。本书的作者是目前百度魔方吧首席吧主，为人热情细心，不但在贴吧中指导大家如何学习各类魔方的还原方法，还经常从国外的魔方论坛翻译一些技术文章和资料分享给国内的魔友。多年的魔方竞技生涯中，作者对魔方竞技的方方面面都有很深的理解，于是将历年总结的经验和技巧汇总成书。这本书由浅入深地介绍了三阶魔方的初级还原方法和高阶还原方法，并且还从原理上解释了每个基本公式的生成和使用原理，让大家能从原理上理解魔方是如何被还原的。还原魔方不再是单纯的背公式，而是能够从原理上理解公式，理解魔方的还原思路和方法。本书还教大家如何对魔方进行拆装、调试、打磨、润滑、选购等相关知识，以及二阶魔方、高阶魔方、异形魔方的还原方法，带领大家进入魔方竞技的精彩世界。

目前魔方在中国正在蓬勃发展之中，世界上性能最好的魔方几乎都是中国人设计生产的，大大小小的魔方比赛也在中国各地举行。魔方比赛是魔友交流最好的平台，来自全国各地的陌生魔友会在比赛中相识相知，共同交流。因为魔方，我们相聚一起，因为魔方，我们结成朋友，因为魔方，我们相互鼓励，因为魔方，我们共同进步。我也期待有一天，能在比赛中遇到你。

中国第五位大满贯选手　中科大魔方协会创始人
安徽省魔方协会官方人员　张春雨
2014年6月

前 言

大家好，我是本书的作者陈学思。作为魔方爱好者的我接触魔方到现在有4年多了，现在是百度魔方吧的吧主之一,网名“QAZZ海盗”。

和大家一样，最初我也是照着买魔方送的说明书第一次复原了魔方。当时的心情可以说是非常激动，毕竟是第一次亲手复原了原本以为很难的魔方。在熟悉了说明书的复原方法后，我又在网上的各种教学网站上找了详细的教程来继续完善复原方法，复原速度也越来越快。

后来发现了mf8论坛和百度魔方吧这两个网上交流平台，可以说这让我的眼界一下子就开阔了起来，原来全国有这么多和我有着同样兴趣的魔方爱好者。在翻看这些网站上的资料以及和网友们的交流学习中，不仅我的魔方水平在不断提高，而且对魔方也有了更深入的了解，例如魔方的各种品牌、型号，以及魔方的结构、组装，还有全国各地的魔方比赛等等。

2010年寒假，我参加了第一次WCA比赛——杭州赛。虽然由于紧张的原因，成绩不是很理想，但也见到了很多魔方高手，如老张、老瓦等。后来我开始在公式上进行研究，在网上到处搜集公式。每搜集到几个好公式，我就会在百度魔方吧发贴分享出来。后来又整理了OLL和PLL的大量公式，并录制了相应的手法视频。我在那段时期也因为经常发公式，而在贴吧小有名气，甚至吧友们经常叫我“公式帝”。后来我就对魔方的研究越来越多，也为贴吧贡献了很多精品贴。然后当上小吧主，参与贴吧的管理，接手贴吧周赛统计，再后来在吧友们的支持下，我当上了大吧主。

我的大学时光是在成都度过的，在这期间经常参加本地的魔友聚会。在聚会中，大家互相交流切磋，提升魔方水平的同时，还可以认识众多有着同样爱好的魔友。平时，大家可以在QQ群交流，每逢节假日，就会有线下的聚会。而大概半年一次的魔方比赛，更是我们魔友们期盼的盛会。这让我理解到魔方还可以作为一种媒介，拉近人与人之间的距离，交到更多的朋友，丰富日常生活。2013年的兰州赛，我和成都魔友们一起组团去参赛。这次比赛中我刷新了自己的三阶、四阶、五阶

项目的官方纪录，而成都团中的“二哥”朱坤更是在五阶盲拧项目中打破亚洲纪录！

魔方改变了我的生活，也成为了我生活的一部分，它的魔力和魅力给我的生活增添了一笔亮丽的色彩。希望大家也能加入到魔方爱好者的队伍，共同感受魔方带给我们的乐趣。

这是我写的第一本魔方教学书，包含了我多年玩魔方所积累下来的各种经验知识，希望能对各位魔方爱好者特别是初学者有所帮助。

书中的各种知识点我都尽量以浅显易懂的叙述方式来展现。而且针对三阶从入门方法到高级方法，我添加了一个“提高篇”来进行过渡，里面针对入门方法中的步骤，介绍了一些新技巧，对于后面继续学习打下基础，使得高级方法的学习更加顺利。对于三阶复原步骤中最灵活的步骤“做十字”，我在“入门玩法”、“提高篇”、“高级玩法”中分三次进行讲解，每一次都有新的技巧。这样层层递进的学习方式，让魔方新手们能循序渐进地掌握这个步骤的精髓。另外三阶教程中不仅有详细的公式步骤，而且对部分公式进行了原理解析，使得原本枯燥的公式展现出了其丰富的内涵。希望魔方玩家特别是新手们，不仅能学会复原魔方，而且还能理解复原步骤中包含的原理，达到“知其然且知其所以然”这样一个更高的境界。

另外，而对于“入门玩法”和“魔方转动手法”这两个内容还提供了视频讲解，视频由本书的另一个作者王德阳录制。视频相比于书显得更直观，大家在学习入门方法时有什么不懂的地方，可以对照着相关视频来学习。

本书由我和王德阳共同编写完成，王德阳负责视频录制、第一二章部分小节的资料收集和编写，我负责本书各个章节的编写和修改。由于时间和水平有限，其中难免会有一些纰漏错误，还请大家多多指正。最后，感谢出版社编辑给我这次难得的机会来编写这本书，感谢百度魔方吧的魔友们的支持鼓励以及他们提供的一些照片，感谢成都魔友朱坤对本书的细心校对，感谢陈成对SQ教程部分的修改，感谢我同学和朋友对本书提出的各种修改建议。本书如果能对各位魔方爱好者有所帮助，那我就很满足啦。

陈学思

2014年6月

玩转魔方！

每个人都能学会的魔方玩法与技巧

Contents 目录

Chapter 05 其他魔方的还原与花式玩法…………143

Chapter 06 魔方生活……186

附录……………………195

Chapter 01

初步了解魔方

01 魔方是怎么发明的

说起魔方，大家应该都见过，甚至玩过。而对于魔方的千变万化以及复原魔方的困难性，想必大家也有所体会吧。作为一种风靡世界的智力玩具，现代魔方的发明历史虽然只有短短几十年，但实际上是在经过了一段漫长的历史积淀，才逐渐发展出今天我们所见到的魔方。

平面魔方

大家在小时候可能玩过“重排九宫”或“重排十五”这种滑块类游戏。它们的玩法是：在一个方框里，利用一个空缺的位置让多个标有数字的滑块可以在平面上移动，最终把它们按数字大小顺序重新排列正确。其实这种滑块类游戏就是平面意义上的“魔方”。

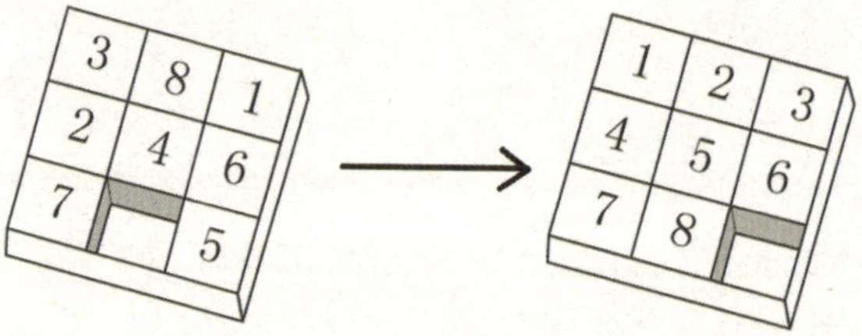

4	9	2
3	5	7
8	1	6

据说“重排九宫”早在中国唐宋时期就很风行了，而它的来源则是“九宫图”。九宫图又叫“幻方”，它的起源甚至与中国上古时期流传下来的两幅神秘图案——“河图”和“洛书”有关。而“重排九宫”的游戏在元代传到了西方，后来外国

人就在它的基础上发明了“重排十五”，或者叫“15子棋”。其实就相当于把“平面三阶魔方”扩展成了“平面四阶魔方”。

立体魔方

立体结构的出现，标志着魔方从平面走向了立体。

第一个把几个立方体固定在一起形成一个可转动结构的人，是加拿大人拉里·尼古拉斯（Larry Nichols）。

1959年，在哈佛大学读书的尼古拉斯有了一个将几个立方体固定在一起的想法。而为了保持这些方块的固定，他使用了磁性物质，于是就用8个方块组合在一起形成了类似现在的二阶魔方的玩具。1970年三月，尼古拉斯用他发明的Puzzle with Pieces Rotatable in Groups申请了加拿大专利。1972年又获得了美国专利。他曾多次向著名的玩具公司发起制作请求，但是都没有被接收。

而真正意义上的魔方，也被称为鲁比克方块（Rubik’s cube），是由匈牙利人厄尔诺·鲁比克在1974年发明的。

鲁比克是匈牙利布达佩斯建筑学院的建筑学和雕塑学教授，为了帮助他的学生们认识立方体的组成和结构，他自己动手做出了一个魔方的雏形。因此魔方的发明最初并不是为了娱乐或投入生产，而仅仅是一个教学工具。

当他制作完成第一个魔方后，随意转动了几下，发现本来整齐的魔方竟然难以复原。于是他意识到，这个发明会很不简单。鲁比克教授决心将他发明的魔方大量生产。在生产后不久，魔方便风靡全球。

鲁比克教授所发明的魔方与尼古拉斯发明的魔方在结构上是完全不同的。他在魔方内部设计出了复杂的结构，使得各个块能够彼此紧密地咬合在一起，以此来保证整个魔方在转动时不会散架。而且这种设计不像尼古拉斯的磁铁魔方那样会受到材料的限制，因此可以用各种便宜的材料来制作魔方，如木头、塑料，这也为魔方的大量生产提供了可能。

魔方从平面演变到了立体，其变化形态的数量也发生了质的飞跃。三阶魔方的总变化数为43 252 003 274 489 856 000，这可以说是一个天文数字。而正是由于魔方的千变万化，使得它具有了独特的魅力，复原一个打乱了的魔方也成为了一个相当具有挑战性的任务。魔方从此成为了一种新奇的智力玩具，和中国人发明的“华容道”、法国人发明的“独立钻石”一起被称为智力游戏界的三大不可思议。

魔方的流行

魔方第一次在世界上掀起热潮是在上世纪80年代，从1980年到1982年，总共售出了将近200万个魔方。而在80年代的中国，魔方也是青少年间很流行的一种玩具，甚至大人们也被这种新奇的玩具所吸引，公园里随处可见低头摆弄魔方的人。但是随着更多新奇的玩具流入中国，以及电子游戏的出现，使得魔方的热潮逐渐退去。

后来，人们研究出各种魔方复原方法，为的是能更快地复原一个魔方。而魔方速解法的出现也使得魔方的玩法逐渐从“复原”向“快速复原”转变。其中Jessica Fridrich女士发明了一种速解法——CFOP，这种速解法在目前仍然是世界上最流行也是最快的复原方法。

说到CFOP在中国的发展，就不能不提到一个人，就是江淦源。他是第一个在中国发CFOP视频的人，而且他所整理的CFOP公式，是后来的中国魔方玩家们必学的“秘籍”。因此他的出现，可以说是带动了魔方在中国的发展。

2003年，世界魔方协会（World Cube Association，WCA）成立（WCA官方网站https://www.worldcubeassociation.org/）。WCA致力于举办魔方比赛，比赛中涉及的魔方种类有很多，有2～7阶、五魔、金字塔、SQ-1等各种项目，而且比赛的形式不仅有普通的速拧，还有盲拧、单手、脚拧、最少步。WCA认证的比赛中的成绩会被记录到官方网站上，每个选手都能在上面看到自己在各个比赛中的成绩。而且在WCA官网的成绩页面上也能显示出各个项目的纪录（世界纪录、洲纪录、国家纪录）。WCA的出现使得魔方比赛走上了规范化的道路，而且也使得世界各地的魔方玩家能够在这一平台上互相竞技，提高各自的魔方水平，刷新各个项目的纪录。每两年一届的魔方世锦赛，更是成为了世界各地魔方玩家的盛大聚会。因此如今的魔方也逐渐从智力玩具，变成了一种全新的竞技项目。与此同时魔方的种类也正在被不断扩充着，不仅在阶数上逐渐增大，而且还出现了各种“奇形怪状”的异形魔方，它们的出现为魔方增添了新的玩法和魅力。

现在，魔方以一种新的姿态，重新被更多的人接触和了解，而新一轮的魔方热潮也在世界范围内悄然掀起。

02 为什么要玩魔方

它有美丽的外表

大家小时候第一次玩魔方的时候，可能是被它五颜六色的外表所吸引，觉得这个玩具很好看，就开始把玩这个方块。没想到把原本颜色整齐的魔方随意地转几下，它表面各种颜色的色块竟会分散开来，在六个面上到处移动。整个魔方也随之变得五彩斑斓，就像万花筒一样。

然而魔方吸引人的并不只是千变万化的外表，如何控制甚至逆转这种“变化”才是魔方真正的魅力所在。打乱一个魔方很简单，但如果想要把一个转得很乱的魔方重新复原，就不那么容易了。

尝试过复原的人都能体会到它的难度，甚至会认为只有空间逻辑思维很强的数学天才才能复原魔方。在没有公式教程的那个年代，如果一个人能把魔方复原出来，不管是运气还是实力，那都会是一件很值得骄傲的事情。

因此在过去，魔方的魅力主要有两个：一是千变万化的外表，二是打乱后重新复原的难度。

它能让你体会到速度与激情

到了现在，随着计算机网络的发展，各种关于魔方的复原教程可以在网上轻松找到。复原魔方也不再是那么的遥不可及，甚至每个人只要肯花时间，都能学会。而在学会魔方以后，争强好胜的年轻人自然会朝着“更快复原”这个目标继续前进。通过改进方法、提高手速、加强连贯，使自己的魔方复原速度越来越快。

在外人看来，他们复原魔方的手法已经到了令人眼花缭乱的程度，就像变魔术一样一会儿就复原了。因此如今的魔方正朝着“手部极限运动”这个新的方向发展。

顾名思义，“手部极限运动”就是以手部特别是手指为核心，用各种物品来完成高难度的动作。例如转笔、悠悠球、飞叠杯、手指滑板、蝴蝶刀等。而快速复原魔方也需要手指和眼睛的高度配合，每一个转动动作要快而精准，眼睛的观察和大脑的反应也要足够快，才能保证流畅快速的复原过程。

世界级高手复原一个魔方的平均手速能达到每秒转8、9步，而他们在做某个特定公式时的极限手速甚至能达到每秒20多步。在这样的高速旋转下，魔方也衍生出了一种新的魅力——速度感。

魔方拥有了速度感的同时，还出现了其他的竞技形式：盲拧、单手、脚拧。

1. 盲拧

盲拧是指先把魔方的状态用编码的形式记忆下来，然后蒙着眼睛把魔方复原。听着很不可思议，但其实这是有一定的方法和技巧的，其中良好的记忆力也是一个关键。只要把这些方法掌握，任何人都能学会盲拧。因此学会盲拧并不难，难的是保持盲拧的成功率，因为在盲拧过程中只要有一步出错，就是全盘皆输。

2. 单手

单手是只用一只手复原魔方。大家不要小看一只手的能力，五根手指要是运用得好，同样能很快地复原魔方。因此单手复原魔方对手指灵活性的要求会更高，甚至能达到魔方在指尖飞舞的最高境界。作为表演项目，有两只手各拧一只魔方的这种形式，因此单手相比于双手也更具有观赏性。

3．脚拧

脚拧是用双脚摆弄将放在地上的魔方复原，是对脚的灵活性的一种考验。这些都是快速复原魔方催生出的各种竞技形式。

可能会有人觉得这种单纯比拼速度的方式违背了魔方“益智”的本意，变成了机械性的重复动作。但实际上快速复原魔方并不是单纯的机械动作，而是包含了观察力、反应速度、手眼脑共同配合的综合运动。而且现在的魔方还有一种新的竞技形式，那就是“最少步”。

“最少步”指的是用最少的步数复原魔方，比的不是速度，而是复原一个魔方所用转动步数的多少，在正式比赛中还会有一小时的时间限制。这种形式就纯粹是脑力的比拼了，你要对魔方的转动变化规律和复原思想有着深刻的理解，才能用足够少的步数来复原魔方。目前“最少步”项目的WCA官方世界纪录是20步，这和用计算机算出步数的差距已经很小了。

因此现在的魔方相比于过去，已经不再是那个小孩子玩的智力玩具，而是变成了一种玩法多样的竞技项目。不仅是人的脑力，玩魔方还是对观察分析能力、记忆力、手指甚至脚的灵活性等各方面的综合考验。在80年代第一次魔方热潮过去30多年后的今天，魔方对人们的吸引力不仅没有消退，反而从多个方面展现出了更多迷人的魅力。

展现个性，以“魔”会友

匈牙利文化基金会负责人加博尔·康奇说，魔方的复兴要归功于它的简单易玩，“我可以把它放在口袋里，在任何时间、地点拿出来玩，它能够缓解一个人站在人群中的孤独感。”

生活中的魔方就是这样，简单易玩，不受时间、地点的限制，就像你最亲密的伙伴一样，随时随地给你带来乐趣。

虽然魔方没有复杂的结构，也没有精巧的设计，但正是由于它简单的外表中隐藏着亿万种变化，才能给你带来无穷的可玩性。而魔方又不像电脑游戏那般浮躁，它可以让你静下心来，仔细体会旋转变换中的奥秘。

在年轻人当中，魔方更是可以成为一种个性的符号。无论是一个人靠着墙单手玩魔方，还是一群人围坐在一起进行魔方的交流和PK，都会引来别人好奇的注目甚至围观。公园中、马路边、地铁上、餐厅里，都可以作为你展现自我个性的平台。魔方的自由、缤纷、多变，正是我们青春的象征。

魔方还可以成为结交朋友的媒介。无论是网上还是现实中，只要遇到玩魔方的陌生人，就能很自然地上前搭讪："诶，好巧，你会玩魔方啊？我也会！玩了多久了？速度怎么样？我们交个朋友吧！以后可以一起交流一起玩！"以魔会友，就是这样简单自然。

03　魔方的种类有哪些

最简单的分类

魔方的种类有很多，最简单的分类，可以分为**等阶立方体魔方**和**异形魔方**。

等阶立方体魔方的特征是魔方整体是一个标准立方体，而且每一条边上分出的块数都是相等的。等阶立方体魔方每条边上的块数，就是这个魔方的阶数。例如我们最常见的三阶魔方来说，它就属于等阶立方体魔方，每条边上有3个块。

更广义的阶数定义是：魔方主体部分两个相邻旋转面所共有的块数。同属此类的还有二阶魔方、四阶魔方、五阶魔方等。现在WCA正式比赛中的最高阶项目是七阶魔方，而世界上可见到实物的最高阶魔方为十七阶魔方。

除等阶立方体魔方之外的其他魔方都可以称之为异形魔方。

与等阶立方体魔方近似的异形魔方

不等阶魔方是其中一类异形魔方。它们的外形与等阶立方体魔方相似，但是通过观察每条棱边可看出，长、宽、高三个方向上所包含的魔方块数并不相等。现在市面上可以看到的不等阶魔方有很多种，比如1×3×3魔方、2×3×3魔方、2×3×4魔方等。这一类魔方看起来无法直接套用等阶魔方的公式来复原，但其实只要根据它们的特点，掌握块的移动规律，是可以通过等阶魔方的某些公式或经过改造的公式来复原的。

五阶魔方实物图

4×4×3魔方实物图

连体魔方则是通过改造组合等阶立方体魔方产生的。例如两个三阶魔方共享一条棱边的两个角块和一个棱块，组成一个三阶魔方二连体，也可以是三连体甚至更多的连体。当然，二阶和高阶魔方也可以组成连体魔方。

这些连体魔方都是通过共享不同的块而组成的一个大的整体。由于这一类魔方大都是由魔方爱好者对魔方进行改造而成，故其种类也很繁多。连体魔方由于可转动的层数发生了变化，导致其复原难度大大超过三阶魔方。

上面所介绍的这些魔方跟等阶立方体魔方有很大的联系，但后面所介绍的异形魔方将会让你大开眼界，感受魔方的奇妙与艺术。

按照中心轴进行分类

除此之外还可以通过魔方的中心轴来进行更细致的魔方分类。

中心轴（或简称中轴）是一个魔方的核心部分，魔方每个方向上的转动，都是通过连接中轴的每个延伸端实现的。

中轴的每个延伸端通常都是对称和等价的，其数量可能是4、6、8、12、20，分别对应正四面体、正六面体、正八面体、正十二面体、正二十面体。因此可以按照中轴延伸端的数量来对魔方进行分类。

中轴有N个延伸端的魔方，就称为**N轴魔方**。最常见的就是六轴魔方，等阶立方体魔方全都属于六轴魔方，还有粽子魔方也是六轴魔方。四轴魔方有：金字塔魔方、斜转魔方。十二轴魔方有：五魔方。

1．金字塔魔方（Pyraminx）

金字塔魔方是由德国科学家Uwe Meffert教授在1970年发明的。这原本是他用于研究金字塔能量的模型，在研究过程中，意外的发明出了金字塔魔方。金字塔魔方属于四轴魔方，它有四个可转动的中心、六个棱、四个小角。由于其结构简单，金字塔魔方的复原并不困难。

金字塔魔方实物图

金字塔魔方是世界魔方协会指定的比赛项目之一。

2．斜转魔方（Skewb）

斜转魔方是由托尼·图拉姆发明的。它继承了立方体的结构，但是它是一个四轴魔方。六个正方形中心其实类似于金字塔的六个棱块，周围的虽然有八个角，但是有四个角是魔方的中心，魔方每次都是沿正方形一边转动，每转动一次为120度。

它最初由Meffert公司生产，由于结构和金字塔魔方类似，所以开始被称为“立方体金字塔”。但是道格拉斯·霍夫斯塔德在1982年《科学美国人》中采用了Skewb这个名字，从此以后这款魔方就被称为Skewb了。

Skewb魔方转动方法的特殊性会让第一次玩这款魔方的人感到迷惑，总会在并未转动完全（即某个角只转动了60度）后进行下一步转动，但是这种状态下并不能转动。Skewb每次转动的时候，六个面都会发生变化。Skewb可能会出现的状态数为3149280，最多只需11步就可以还原。

Skewb是2014年世界魔方协会新指定的比赛项目。

斜转魔方实物图

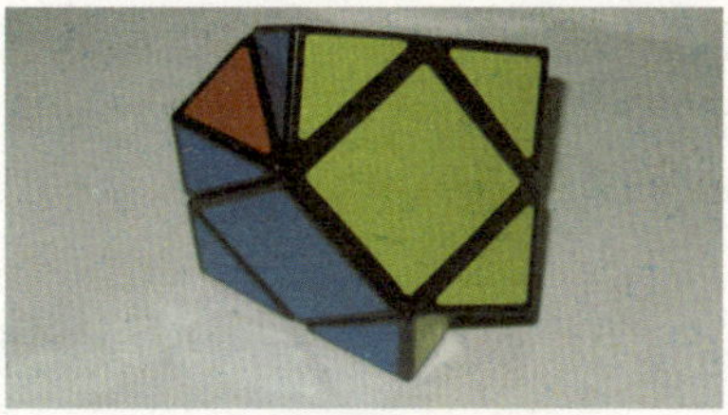
斜转魔方未转动完全状态

3. 粽子魔方（Mastermorphix）

粽子魔方是三阶魔方的变体，都属于六轴结构。一般魔友如果不知道粽子魔方的结构，第一次看到粽子，都会以为它是四轴金字塔魔方的异型，然后下意识地去转动正四面体顶层或底层，结果发现转不动。也有很多魔友因为粽子魔方是三阶魔方的变体，会认为它比较容易复原，其实并不是这样。

要想复原粽子魔方，首先要分清其中心块、棱块、角块。中心块在每一层中间，即我们在图片中看到的类似金字塔的棱的位置，故粽子魔方的中心块有两个面；棱块围绕在中心块四周，只有一个面；而角块有两种，一种是四个顶角，每个角块有三个面，另一种是魔方每个面中心的小三角形，所以这四个角块只有一个面。当把这些块分清之后，复原起来才比较容易。

粽子魔方实物图

打乱后的粽子魔方

4. 五魔方（Megaminx）

五魔方为正十二面体结构，有12个中心、30个棱块、20个角块，属于十二轴魔方。五魔方有两种版本，一种为六色版，一种为十二色版，我们所见到的大多是十二色版。

五魔方实物图

五魔方看似复杂，其实它的复原方法和三阶魔方类似，复原所需要的公式也都是三阶魔方的公式或三阶魔方公式的变形。现在也出现了四阶五魔方、五阶五魔方等等的高阶五魔方，这些魔方虽然可以类比等阶立方体魔方进行复原，但是难度大大增加了。

五魔方也是世界魔方协会指定的比赛项目之一。

其他类型的魔方

1. SQ-1魔方（Square-1）

SQ-1魔方是由Karel Hrsel和Vojtech Kopsky在1992年共同发明的。SQ-1魔方属于两极类魔方。

SQ-1魔方实物图

打乱后的SQ-1魔方

两极类魔方是魔方家族中结构最简单、概念最原始的一个类别，而且外观较其他类别容易分辨。两极就是指魔方分为上下两个极层，每个极层上的块可以通过旋转极层来移动，而且上下两个极层可以通过翻转所有层，来完成上下极层互相交换块的动作。

SQ-1魔方属于两极类魔方中最常见的一种。当然，两极类魔方还有许多由正方形SQ-1演变出的其他种类，如SSQ-1（Super Square One）、SQ-2（Square-2）等等。

SQ-1魔方分为三层，顶层和底层各含有四个60度的角块和四个30度的棱块，中层有两个梯形块。

SQ-2魔方则是把SQ-1魔方顶层和底层的60度角块全部分成了两个30度的块。该类魔方都需要将各层方块旋转到一定的位置，使每层都有相邻的几个块组成了180度的角度然后沿着这条线进行纵向的180度旋转，使原来顶层的部分块转到底层，而底层的部分块转到顶层。由于其结构的特殊性，在复原的时候，第一步通常要将顶层和底层先复原为正方形，然后进行接下来的复原过程。

SQ-1魔方是世界魔方协会指定的比赛项目之一。

2. 魔表（Rubik's clock）

魔方系列的玩具之一，由Christopher C. Wiggs和Christopher J. Taylor发明。后被厄尔诺·鲁比克购买其专利并在1988年予以上市。魔表从外观来看并不像上述介绍的其他的魔方，但是也是很有意思的一款魔方。

魔表的正反两面各有9个钟表盘，四周有四个齿轮控制表针的转动。每面都有四个按钮柱，当在一个面将按钮柱按下去的时候，按钮柱在另一面就会抬起，因此当转动齿轮的时候，表盘正反两面可转动的表针数目并不相同。

魔表实物图

魔表的复原是将打乱的表盘在正反两面上都指向12点位置。魔表看似复杂，其实复原难度并不高。

魔表也是世界魔方协会指定的比赛项目之一。

3. 魔板（Rubik's Magic）

魔板是由魔方的发明人匈牙利教授厄尔诺·鲁比克发明的一种智力玩具，最早在1980年代由Matchbox公司制作。鲁比克所发明的魔板是八片魔板，无特殊说明的情况下，魔板也通常指八片魔板。

八片魔板是由八个正方形以2×4的排列方式组合而成。魔板分为正反两面，每一块正方形都由两片小塑料板及由其平滑面所夹的一张或两张纸组成。每一小块正方形塑料板都有一些用来捆绑细线的凹槽。将细线有规律的缠绕在各片塑料板的凹槽中便可得到魔板。

魔板的标准图案是正面为三个不相连的圆环，经过变形之后，反面为三个相连的圆环，也就是说，没有任何时候可以让正反两面同时拼出完整的图案。

魔板的玩法多样，最常见的玩法是对下图两种图案互相变换，也可以对魔板进行折叠翻转而形成一些空间的立体结构。

魔板实物图（变形前的正面）

魔板实物图（变形后的反面）

4. 十二片魔板（Master Magic）

十二片魔板是由魔板爱好者根据八片魔板的捆绑原理制作的。

十二片魔板是由十二个正方形以2×6的排列方式组合而成。十二片魔板的标准图案是正面为五个相连的圆环，经过变形之后，反面为五个不相连的圆环。

十二片魔板实物图（变形前的正面）

十二片魔板实物图（变形后的反面）

04 魔方术语全知道

魔方术语指的是用于魔方的一些特定词语，大都是从国外引入，因此很多魔方术语都是相关英文或其缩写。掌握好基本的魔方术语，无论对于在网上看教程，或与其他魔方玩家交流，都有很大的帮助。

最基本常用术语

1. 魔方结构类

Corner：魔方的角块，通常有三个面。

Edge：魔方的棱块，通常有两个面。

Center：魔方的中心块，通常只有一个面。

Layer：魔方转动时的一个单位，一般为一层。

Final Layer：亦为Last Layer（LL），魔方的最后一层。

Middle Layer：魔方的中间层。

Sticker：魔方表面的贴纸。

容错性：魔方在某一步未转到位的情况下，能直接继续转下一步，这种性质就称为魔方的容错性。容错性越大，可错位的幅度越大。

2. 测速和成绩类

Avg：Average的简写，指去头尾后的平均成绩。也就是去掉最快和最慢两个成绩后，剩下的成绩取平均值。

Mean：指未去头尾的平均成绩。正式比赛中的六阶和七阶项目只有三次成绩，因此这两个项目的平均成绩是未去头尾的。

Sub：Subtraction的缩写，即少于的意思。例：某次魔方复原时间少于30秒，我们可以说这次复原Sub 30。

DNF：Did Not Finish的缩写，是指在停止计时器后魔方尚未复原，或在复原过程中放弃的情况。在成绩记录中，DNF算作最差成绩。在取平均成绩的比赛中，最多只能有一次成绩为DNF，如果有两次成绩被记为DNF，那么将无最终的平均成绩。

DNS：Did Not Start的缩写 ，是指参赛选手在某次复原尝试前放弃尝试机会而并未开始还原，多次尝试取平均成绩的比赛中同样算作最差成绩。

POP：Pop Up的简写。是指魔方在转动过程中某些组成部分从魔方上面脱离的情况。如果是出现在比赛中，参赛者可修理魔方继续比赛，或者放弃该次复原的尝试而被判DNF。

PB：Personal Best的缩写，即个人单次最快还原成绩。

Skip：还原魔方的过程中某一步骤被自动跳过的情况。如OLL Skip、PLL Skip。

Scramble：魔方的打乱步骤。

Tps.：魔方平均每秒的转动次数。

Inspection Time：观察时间。转动魔方前允许预先了解状态以准备解法的时间。例如在速拧比赛中准备还原前有15秒的观察时间让选手观察魔方的状态，来准备部分解法。而在盲拧比赛中没有观察时间，开始观察的时候就开始计时。

3. 复原方法类

LBL：Layer By Layer 的简写，也称“层先法”。意思是“一层接着一层”，是三阶魔方复原最基本的方法。

CFOP：Fridrich Method的别称，是Jessica Fridrich女士发明的一种三阶魔方的复原方法，也是现在世界上使用最广泛的方法。C、F、O、P分别为该方法的四个步骤Cross、F2L、OLL、PLL的首字母。

Cross：CFOP方法的第一步，做好底层的十字。

F2L：First 2 Layers的缩写，CFOP方法的第二步，即复原魔方的前两层（底层和中层）。

OLL：Orientation of Last Layer的缩写，CFOP方法的第三步，即让魔方最后一层（顶层）棱块和角块翻色，使相同的颜色朝上。

PLL：Permutation of Last Layer的缩写，CFOP方法的最后一步，即调整最后一层（顶层）棱块和角块的位置，从而复原整个魔方。

COLL：Corners on Last Layer的简写，一般用于三阶魔方。还原魔方顶面的时候，通过一定步骤直接使顶层四个角块位置复原。

EPLL：在三阶魔方复原时，用COLL使角块位置复原后，只需用PLL的棱换公式使魔方完成复原。

ELL：Edges of Last Layer的简写。魔方LBL解法中归位最后一层的棱块。

CLL：和COLL类似，一般用于二阶魔方，即在复原顶面的时候直接将二阶的四个角块的位置复原，即复原了二阶魔方的顶层。

XLL：用面先法复原二阶魔方的最后一步，即当顶面和底面都复原完成之后，通过一个步骤直接将魔方还原。

X-cross：简称XC，全称为Extended Cross。在完成Cross的同时完成一组F2L。

4. 纪录类

WR：World Record的简写，世界纪录。

CR：Continental Record的简写，洲际纪录。

NR：National Record的简写，国家纪录。

AfR：African Record的简写，非洲纪录。

AsR：Asian Record的简写，亚洲纪录。

ER：European Record的简写，欧洲纪录。

NAR：North American Record的简写，北美洲纪录。

OcR：Oceanian Record的简写，大洋洲纪录。

SAR：South American Record的简写，南美洲纪录。

UWR：Unofficial World Record的简写，非官方认证统计的世界纪录。

5．魔方协会类

WCA：World Cube Association的简写，世界魔方协会。

CCA：China Cube Association的简写，中国魔方协会。

6．其他

AUF：Adjust U-Face的简写，表示在最后一步公式做完之后，还需要转动U、U'或U2调整顶层使魔方复原。

D39：一种机械润滑油，可用作魔方的润滑。

Finger Shortcut：简称FSC。通过手部的一次连续动作转动魔方几个面，也称作一组手法。

Half Turn Metric：简称为HTM，魔方转动的一种计算步数的方法。转动一个外层90度或180度计为一步，而转动一个中层90度或180度记为两步。

God's Number：上帝之数。三阶魔方的上帝之数为20，即任何被打乱的三阶魔方都可以在20步以内还原。

Cuber：玩魔方的人，即魔友。

Mod：对一个或几个魔方进行改造和拼接，改造成其他样式的魔方。

Move：魔方转动一次被称作一个Move。

PSC：全称为Prepared Solve Challenge，即可预先准备的还原挑战。固定一个打乱之后，自己研究出最快的解法，或者在网络中寻找到最快的解法，然后进行复原。

Stackmat Timer：手部感应式计时器。原用于另一速度竞技运动Sport Stacking（竞技叠杯）。自2003年世锦赛以来，一直被各魔方赛事沿用至今。

05 在我国有哪些魔方高手

早期推动中国魔方发展的一些玩家

江淦源

网名Gan，中国魔方发展的一位元老级人物，大概从1997年就开始玩魔方，曾连续三年保持中国三阶速拧纪录，被称为中国魔方速拧第一人。他曾经发过一整套的CFOP的手法视频，且整理编著了CFOP全套顺手公式，为众多国内魔友提供了优秀的学习资料，极大地推动了我国魔方水平的发展。2013年，Gan向全国魔方玩家征集优秀的CFOP公式，整理出新的Gan's CFOP公式，为魔友们特别是初学魔方者提供了比之前更加顺手的公式。

张砷镓

陕西西安人，魔友们都称他老张。在2008年成功打破Gan所保持的三速国内纪录，在2010年杭州举行的WCA比赛中取得三速单次9.96秒的成绩，成为国内第一个三速单次Sub10的人，因此被称为中国魔方三阶速拧第一人。老张编写过大量CFOP的教程：《十字天书》（Cross十字教程）、《先声夺人》（F2L空SLOT教程）、《左右互博术》（F2L双态手法教程）、《四国演义》（F2L四向手法）、《O2传说》（OLL双向手法）、《封魔演义》（PLL六格观察法），《来去英雄传》（PLL双向手法）。老张是继Gan之后，又一个为中国魔方发展做出巨大贡献的人。

程浩

网名彳亍。他是第一个上中央电视台表演盲拧的玩家，也是国内最早成功完成四阶盲拧还原的玩家。他独创了“彳亍法盲拧教程”，使国内的盲拧水平有了很大的提高。并且“彳亍法”也成为日后国内众多盲拧高手所采用的方法，并用这个方法刷新了世界纪录。彳亍为人热情而低调，他看到魔友们咨询有关魔方方面的问题，都会进行很认真而且专业的解答。

霍伟丰

中国魔方吧论坛的创建者，也是mf8魔方品牌的缔造者，设计、改进、开发了很多种类的魔方，为人低调。由于很少有人知道他的真实姓名，又因为他在论坛中的名字为cube_master，所以大家都称他为霍老大。中国魔方吧论坛的成立，让全国各地热爱魔方的玩家聚在了一起，并让越来越多的人认识了魔方，为中国魔方的发展及魔方的推广做出了巨大贡献。

杨淳

“国甲”品牌的设计师。“国甲”曾出过多款经典的魔方，开辟了魔方结构的众多新理念，是魔方结构处在“传统结构时期”的巅峰作品。当时众多世界高手几乎都用“国甲”魔方。

包大庆

网名大烟头。大烟头在魔方结构和改造上相当有研究，2009年创立“大雁”魔方品牌，从第二代“孤鸿”开始，取代“国甲”成为国内乃至世界上的主流三阶魔方。“大雁”与“mf8”合作出过四阶魔方，其创造性的“内二阶”结构，让这款四阶成为当时世界上众多高手使用的四阶魔方。另外“大雁”还出过五魔方和二阶魔方，都是性能优秀的魔方。

曾破过世界纪录的中国魔方高手

陈丹阳

网名占星，以前在北京担任杂志社编辑，现在在山东某个高校当老师。他在2007年创造了我国首个速度方面的世界纪录（三阶盲拧单次1:10.27），也是中国首位WCA代表。2006年初，他开始专门练习盲拧，成为我国最早与世界顶尖水平接近的高手。他除了打破三阶盲拧的世界纪录，还曾打破三阶多个盲拧的亚洲纪录。占星为人热情友好，同时为中国魔方运动的发展做出了很大贡献。

蒋彤

盲拧高手，三阶多盲前世界纪录保持者。在新规则实行下，2009年北京夏季魔方公开赛，他以15/15的成绩超过印度人的10/10成绩，成为新的世界纪录保持者。

庄海燕

网名瓦西里，职业是一名软件工程师，人称老瓦。在2009年以47.22秒打破三阶盲拧世界纪录，而同年又把自己的世界纪录提升了将近10秒，达到35.96秒！之后屡破自己创造的纪录，共六次刷新三阶盲拧世界纪录，在当时可以称得上是魔方界的伊辛巴耶娃！他曾两次登上中央电视台《想挑战吗》节目挑战三阶魔方盲拧复原，并且都挑战成功。还曾参加《天天向上》节目，并创造出27.88秒的破世界纪录的好成绩。他用的盲拧复原方法为“彳亍法”。前德国总理施罗德访华时，曾特邀庄海燕为其进行表演。他还著有《魔方天堂》一书。

张海旭

网名小鬼，广东珠海人。他曾打破三阶速拧和五阶速拧的国家纪录，而最出名的是他的四阶，曾三次打破四阶速拧的世界纪录。在2009年的深圳公开赛上，小鬼一鸣惊人，四阶速拧单次39.80秒的成绩，第一次将全国纪录刷进40秒大关，同时他的平均成绩也打破了世界纪录。这个世界纪录含金量极高，它是中国魔方史上第一个立方阶魔方速拧的世界纪录，而下一个立方阶魔方速拧的世界纪录则是在三年以后陈霖打破的七阶速拧的世界纪录。出于某种原因，小鬼选择了封魔三年，尽管如此，在他高考之后参加的比赛中，仍展示出了很高的水平。

朱剑伟

网名臭虫，广西人。他最大的特点就是为人低调，并且很专一。他专攻SQ-1魔方，曾多次打破SQ-1魔方速拧的国家纪录。2009年北京夏季魔方公开赛上，臭虫在SQ-1魔方速拧决赛中，同时打破单次与平均的世界纪录，让所有人为之震惊感叹。2009年后，臭虫渐渐隐退。

李炳良

网名豆钉，广东佛山人。在臭虫隐退之后，豆钉凭借着他超群的SQ-1的实力被大家熟知。他平时的练习成绩经常会打破世界纪录，虽然不被官方承认，但是他的实力是有目共睹的。有了这样的实力，便有了他六破SQ-1速拧的平均世界纪录的辉煌战绩，在2010年以8.65s打破了SQ-1速拧的单次世界纪录，这个单次世界纪录保持了三年多才被打破。豆钉又在2014广州五山魔方赛上以6.96s重夺单次世界纪录！

陈霜

网名铯，上海人。他在很多项目都有较强的实力，尤其是最少步的项目。曾保持三阶魔方最少步平均成绩的世界纪录（2014年新添加了“最少步平均成绩”这一项，显示出他2012年曾经保持过最少步平均成绩的世界纪录）。他编写的网页魔方计时器cstimer被广大魔方玩家所使用。他还是WCA魔方比赛规则简体中文版的翻译者。

王宇轩

网名LR，中国魔坛的老一辈人物，很早就开始参赛。他最著名的成就当属八板、十二板近乎非人类的惊人速度。他曾打破二阶速拧单次亚洲纪录和金字塔魔方的单次及平均的国家纪录。并且多次打破八板和十二板的世界纪录。当WCA官方将魔板项目取消的时候，王宇轩的八板单次与平均世界纪录、十二板的单次世界纪录，占据了魔板项目四项世界纪录中的三项，这些都永远的定格在了WCA的历史上。

许宇辉

网名roundy，最早期国内魔方界的活跃者，是mf8论坛的元老之一。很多关于速度技巧的资料都是由他首先撰写后发帖分享的。2011年他曾以30.58秒的成绩打破三阶盲拧的单次世界纪录，是我国除庄海燕之外又一盲拧高手。

陈霖

生于浙江省杭州市，网名食盐。他最耀眼的成就在于七阶，2012年的合肥赛一举打破由波兰人保持的七阶平均世界纪录，而在2012年的杭州赛更是把七阶单次世界纪录提高到了2:41.63，与世界第二拉开30多秒！他一共十二次打破七阶速拧世界纪录（六次单次WR，六次平均WR），其中有十一次世界纪录是在2012年这一年创造的！因此在国内享有“高阶帝”的称号。现在仍保持着七阶单次世界纪录。另外他在其他项目上也表现出了高水平，曾打破五阶速拧单次及平均的国家纪录，三阶单手单次的国家纪录，六阶速拧单次及平均的亚洲纪录。著有F2L四向教学《四面埋伏》、OLL双向手法《一箭双雕》、PLL双向手法《左右开弓》，并提出高阶复原中心时的方法构想，为中国魔方的推广与发展做出了巨大贡献。

另一些魔方高手和名人

叶儒臻

就读于华南农业大学。SQ-1速拧水平在中国排名第二。2013年在美国拉斯维加斯举办的世界魔方锦标赛中获得SQ-1项目第一名，成为第一个在世界魔方锦标赛中获得第一名的中国选手。

王富博

网名东方，北京人，中国魔方界的一位明星人物。他曾多次打破三阶魔方单拧的国家纪录和十二片魔板的亚洲纪录。2012年，他与妻子李垚曦以24.38秒创造了“夫妻合作速拧”（每人仅使用一只手，模拟双手，共同复原一个魔方）的世界纪录。他也曾登上几十家电视台的栏目向全国观众展示分享魔方技巧和心得。并且《Timeout》、路透社等国际知名媒体也对他进行过报道。他常常参加有关魔方文化推广的活动以及慈善活动。目前，他的研究方向是益智玩具对思维拓展和智力开发的影响，并在各大高校进行讲座。他将魔方普及到各个年龄阶段的人群中间，对中国魔方的发展和推广做出了很大贡献。

欧阳韵奇

网名狼，四川人，就读于北京邮电大学。虽然现在在速度方面与其他玩家相比并没有一流的成绩，但是他的综合能力极强，并且在当时，他几乎每项成绩都是国内领先水平，直到现在，他的脚拧成绩仍然处于世界领先水平。他曾打破过三阶最少步项目的亚洲纪录，并曾打破过多个项目的国家纪录。他是全世界有史以来第一个拥有WCA全部19个项目（在加入斜转魔方项目之前）的官方成绩从而完成“大满贯”壮举的人。

董百强

网名奇遇，福建泉州人，北大魔方协会的创建者。现在在WCA工作，非常辛苦地为各场比赛做成绩录入工作。2009年，他打破了四阶盲拧的国家纪录。在2012年又打破了三阶最少步的亚洲纪录。在最少步项目方面，直到现在他在国内仍然是保持领先的高手。

朱坤

网名冷帝、二分之一点一，四川人，擅长魔方盲拧。曾打破五阶魔方盲拧的亚洲纪录。他已经理论性解决了WCA比赛项目中所有种类魔方的盲拧。

谢捷

广州市一所中学数学老师，所以大家都称他谢老师。他是最早致力于魔方运动发展的魔友之一，为魔方运动的发展贡献极大。曾组织学校间魔方比赛，他也为每年广东公开赛提供了极大的支持。他很注重小魔友的培养。他女儿谢恩希在3岁117天的时候，以114秒创造了最小年龄还原三阶魔方的吉尼斯世界纪录，并且多次上中央电视台和其他电视台展示魔方，让更多的朋友了解魔方。广州高手危毅和李开隆都是谢老师班上的学生。

李开隆

广州人，谢老师的学生。是新生代的高手之一，现三阶速拧平均成绩在中国排名第四，五阶速拧在中国排名第一。曾打破多项国家纪录，并打破过四阶速拧的亚洲纪录。

危毅

广州人，谢老师的学生。是中国最早一批的高手之一，一度与Gan不分伯仲。2008年在香港反斗城鲁比克总决赛中获得第一名。他曾打破过二阶、三阶和四阶速拧的国家纪录。

程维锋

网名pk锋，广东人。全能型的一名魔友。他曾打破过六阶和七阶速拧的国家纪录。他的SQ-1和五魔方在中国都排名第五。他的SQ-1复原教程和四阶Yau Method的视频教程很受欢迎，让很多魔友了解到了Yau Method。

贾立平

网名千年，是一名在读研究生。魔方盲拧高手，现三阶盲拧国内排名第七，四阶盲拧国内排名第二，三阶多个盲拧国内排名第四。曾登上过中央电视台《牛人来了》，在江苏卫视《最强大脑》节目中展示魔方盲拧，让越来越多的人了解魔方。

甘楚健

网名飞层，我国高阶魔方的代表人物之一。曾多次打破六阶速拧和七阶速拧的亚洲纪录。录过一些七阶的讲解视频，对中国高阶魔方的发展做出了一定的贡献。

蒋丛骉

我国高阶魔方的代表人物之一。曾打破过五阶速拧单次国家纪录和六阶速拧单次亚洲纪录，现在仍是六阶速拧单次亚洲纪录的保持者。

张炜星

曾打破四阶魔方的单次亚洲纪录，并打破过三阶速拧的单次国家记录。现四阶成绩在国内排名第一。他是一个比较全能的选手，二到七阶的成绩均属国内一流水平。

王鹰豪

网名10R。曾打破过Skewb及三阶速拧的国家纪录，并多次打破二阶速拧的亚洲纪录。现二阶速拧单次成绩在亚洲排名第一，世界排名第六。

曾小林

曾打破过三阶速拧的国家纪录，现三阶速拧成绩在国内排名第二。三速的练习成绩能达到平均8秒左右，是冲击三速国家纪录的有力竞争者。

孙舟横

网名2rabbit。曾多次打破三阶速拧的国家纪录，并打破过四阶魔方和三阶单拧的国家纪录，也曾打破过二阶速拧的亚洲纪录。低阶魔方的国内排名都很靠前。

樊浩玮

陕西西安人。三阶速拧平均国家纪录的保持者。他曾多次打破五魔方的国家纪录，并打破过二阶和三阶速拧的亚洲纪录。是中国魔方界的新星。

阴目仑

他曾打破二阶速拧的国家纪录，多次打破三阶速拧的国家纪录，现三阶速拧单次国内排名第二，是中国魔方界的新生力量。

林恺俊

网名Ray_Lam、给力新加坡，也常被魔友称作坡坡。因其三阶速拧采用桥式复原法，并在比赛中取得了优异的成绩，也被称作中国桥神。他曾打破三阶盲拧和四阶盲拧的亚洲纪录，现四阶盲拧在国内排名第一，三阶盲拧在亚洲排名第一。

比较有名的中国WCA代表

常方圆

网名小圆，中国WCA代表，北京玩具协会益智玩具委员会成员，百度百科学术专家委员会成员。曾参与主办国内很多世界魔方协会认证的魔方赛事。2011年，她率团参加泰国曼谷世界魔方锦标赛并取得优异成绩。她在国内各小学、中学、大学担任过魔方讲师。主要研究益智玩具对儿童、青少年的影响，并进行魔方推广，同时还参加了公益活动，对魔方推广与发展做出了一定贡献。

郑鸣

网名证明，广东广州人，本科就读于中山大学，现在在读研，中国第二个WCA代表。他曾多次组织大型魔方比赛，魔友们能在良好的比赛条件下发挥出自己的最佳水平，证明功不可没。证明为中国魔方运动的发展贡献了很大的力量。

金晓波

曾打破五阶速拧国家记录，现四阶速拧国内排名第八。中国WCA代表，也是国内工作最认真、最辛苦的WCA代表之一。

Chapter 02

深入认识魔方

01 魔方的结构和性能指标

魔方的结构

传统结构的魔方主要由两大部分组成：外部或内部可旋转或移动的块、中心轴。

外部或内部可旋转或移动的块是一个魔方的主体部分，不同种类魔方有着形状和结构都完全不同的块。这些块承担着保持魔方外观、实现魔方各个层旋转的功能。通常所有外部块外露的表面会贴有贴纸，这些贴纸赋予了每个面不同的颜色，使魔方有了打乱和复原的状态。

中心轴简称中轴，是一个魔方的核心部分。中轴维持着外部和内部块的稳定，使魔方保持一个可转动的整体而不散架。

以三阶魔方为例：三阶魔方**外部**共有26个块，其中包括6个中心块、8个角块、12个棱块。

中心块是和**中轴**连接的块，它只能原地旋转而不能移动。中心块的内部有弹簧仓，螺丝弹簧垫片就在这个弹簧仓中，把中轴和中心块连接在一起。

角块和棱块是三阶魔方中真正能移动的块，正是它们的移动让三阶魔方有了亿万种变化。角块和棱块都有“卡脚”，就是下图中左上方突出的部分。卡脚的作用是让角块和棱块“卡”在六个中心块之间，使得转动时不会脱离魔方。

三阶魔方的中轴有六个方向的延伸端，分别指向三阶魔方的六个面，每个延伸端都有螺丝与中心块相连接。所以三阶魔方属于“六轴魔方”，同时也有其他的“N轴魔方”，这点在第1章的“魔方的种类有哪些”一节已经介绍过。

和中轴相连的中心块

角块

棱块

中轴

中轴和中心块的连接是通过螺丝、弹簧和垫片来实现的。其中螺丝控制着魔方的松紧，弹簧控制魔方内部弹力的大小，垫片可以防止魔方旋转时弹簧对中心块内部的磨损，同时垫片的多少也可以控制松紧和弹力。

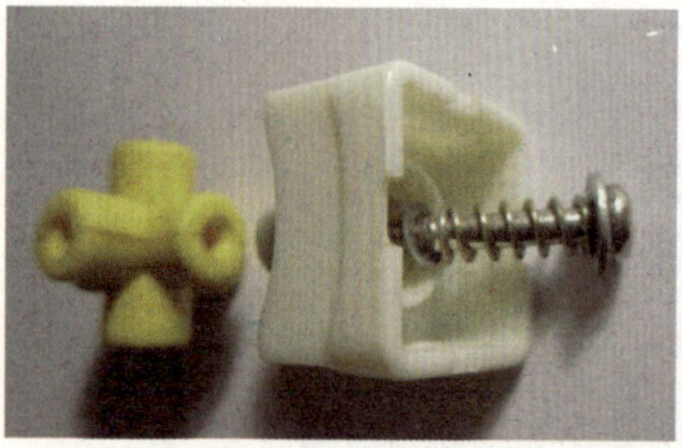
中轴和中心块的连接

螺丝、弹簧和垫片

垫片分为两种，一种是在螺丝带螺纹一端的小垫片，一种是在螺丝大头这边的大垫片。小垫片的作用是防止魔方旋转时弹簧对中心块内部的磨损。大垫片的作用是抵住中心块的弹簧仓（螺丝弹簧放进去的圆柱形仓），使中心块在魔方旋转时不容易晃动。而大垫片在后来生产的魔方中几乎见不到了，因为采用了较大的螺丝头代替了大垫片，既保持了大垫片的作用，又省去了大垫片的组装。

魔方的性能指标

一个好魔方的指标有：容错性、稳定性、顺滑度。

1. 容错性

容错性是指某一个系统在出错的情况下，仍能继续运转。在魔方中，“出错”就是指某一层没有转到位。而在没转到位的情况下，继续旋转另一个和它相交的层，能使原来没转到位的那一层强行自动转到位，这种性质就是魔方的容错性。例如转U的时候只转了80度，继续转R'，U层会自动转完剩下的10度，使得R'这个转动能顺利完成，这就是容错性（有关U、R、R'等符号含义请参考第3章）。自动转完的度数是衡量容错性大小的指标。

魔方容错示意图（U未转到位的情况下转R'）

魔方的容错性分为顺容错和逆容错。

（1）**顺容错**是自动转的方向与另一层转动的方向**相反**的情况下实现的容错性，例如U只转了80度的时候继续转R'，或U转了100度的时候继续转R。

（2）**逆容错**是自动转的方向与另一层转动的方向**相同**的情况下实现的容错性，例如U只转了80度的时候继续转R，或U转了100度的时候继续转R'。通常情况下，魔方的顺容错比逆容错要大。

魔方的容错性能弥补由于手法不精准造成的“某一层没转到位，使得另一层的转动受阻”的情况，容错越大，能弥补的幅度也越大，卡住的机会也就越小。但容错也不是越大越好，因为实际转动的时候用到的容错只是很小的一部分，魔方本身的“极限容错”几乎用不到，过多地增大“极限容错”反而还有可能使魔方的稳定性变差。因此在容错够用的情况下，“小容错”发挥的怎么样，才是评判一个魔方容错性的标准。有的魔方在发挥小容错时很生硬，转起来的手感就有些硬；有的魔方在发挥容错时很轻柔，转起来的手感就比较软、柔和。大家可以根据自己的习惯、喜好来选择不同手感的魔方。

2．稳定性

稳定性是指魔方在转动时保持整体稳定的程度。魔方稳定性越差，转动时越容易发生变形、POP（飞棱），甚至散架。稳定性的好坏很大程度上依赖于魔方各个块的结构设计，通常魔方各个块之间结合得越紧密，那么稳定性就越好；相反结合得越松散，稳定性就越差。稳定性还和魔方的松紧度和弹力大小有关，可以通过调节螺丝、更换不同弹力的弹簧、增减垫片来改变魔方的松紧度和弹力大小，从而在一定范围内提升魔方的稳定性。

3．顺滑度

顺滑度由两部分组成，一个是“顺”，一个是“滑”。

“顺”指的是魔方转动时的顺畅程度，震动感、卡顿等都是影响顺畅程度的因素。顺畅程度和魔方内部结构的设计和做工还有材料有关，可以通过对各个块进行适当的打磨来提升魔方转动的顺畅程度。理想的“顺畅”是：转动平稳无震动，没有因内部碰撞产生的卡顿。

“滑”指的是魔方转动时受到阻力的大小，阻力越小则越滑。转动阻力的大小和魔方各个块之间的接触面有关。接触面越小，表面越平滑，则转动阻力越小。另外，和稳定性一样，转动阻力也和魔方的松紧度以及弹力大小有关。减小转动阻力的一个很有效的方法就是润滑。关于如何打磨和润滑魔方，在后面的“魔方的打磨与润滑”一节中会介绍。

02　魔方的贴纸和配色

魔方的贴纸

上一节中介绍过，魔方每个外部块外露的表面都会贴有贴纸，贴纸赋予了魔方每个面不同的颜色，因此可以说贴纸是一个魔方的衣服。

贴纸的材料主要有PET和PVC。

（1）PET贴纸比较环保，但是时间长了其表面的透明薄膜容易“起皮”，造成贴纸掉色，因此这种材料的贴纸只在早期出现过，现在几乎看不到了。

（2）PVC贴纸是由PVC塑料制成的薄膜，寿命比PET贴纸长，不会掉色。因此PVC贴纸是现在的魔方常用贴纸。但在长期使用后，PVC贴纸可能会被指甲一点点抠掉而造成磨损。还有一种磨砂贴纸，也是PVC材料的，只是表面做了防滑处理，有细小的凹凸，手感比较涩。

PET贴纸

起皮的PET贴纸

PVC贴纸

磨损的PVC贴纸

磨砂贴纸

（3）除了贴纸，还有一种叫**贴片**。贴片是比贴纸厚的塑料片，分为“外贴型”和“内嵌型”。

- “外贴型”贴片一般是随着魔方出厂就已经被粘在魔方表面，而且不能轻易被取下。“外贴型”贴片由于是直接粘在魔方表面，所以在魔方表面有一定的凸出，使得手感上和普通贴纸魔方有点不一样。

- “内嵌型”贴片是采用“内嵌”的结构，直接把贴片嵌入块的内部，使得魔方表面保持平整，手感上和普通贴纸魔方近似。

相比于贴纸，贴片的寿命更长，完全不用担心掉色、磨损的问题，但也有不易更换、手感不适的缺点。

“外贴型”贴片

“内嵌型”贴片

（4）魔方的颜色还能直接做进块的材料中，而从“大雁孤鸿”开始，拼装式块的结构产生了一种不用贴纸的“**六色魔方**”。

六色魔方

所谓拼装式，就是每个块不是一次注塑成一个整体，而是由几个部分拼装而成。例如角块由三个独立的片拼装而成，棱块由两个独立的片拼装而成。如果每个部分都采用不同颜色的材料，那么就产生了不用贴纸的“六色魔方”。

六色魔方由于块的材料本身带有不同颜色，取代了贴纸的作用，因此完全不用担心贴纸的磨损问题，省去了贴贴纸和更换贴纸的麻烦。而且六色魔方表面平整，不像贴片那样会有凸起。可以说六色魔方把贴纸和贴片的优点都结合了起来。同时颜色的面积也比贴纸或贴片魔方更大，达到“无边框”的效果。但是在WCA正式比赛中禁止使用六色魔方，这是因为它的块是由不同颜色的塑料片拼接而成，可以从某个块的拼接缝隙所在的内表面看到其外表面的颜色，比其他普通魔方多了一些观察的便利，造成了不公平。

魔方的配色

魔方表面的颜色并不是随意分布的，而是有一定的位置排列标准。这种颜色的位置排列标准就是**配色**。固定的配色可以让魔方玩家更熟悉每个块的位置以及每种情况的特点，对于快速复原魔方有一定的作用。

1. 标准配色

现在最流行的配色，也就是官方标准配色，是白黄、蓝绿、红橙三组颜色分别相对，其中“白、红、绿”以顺时针方向排列。完整的位置排列为“上白下黄前绿后蓝左橙右红”。

2. 日本配色

除“标准配色”外，还有“日本配色”，就是把标准配色的黄和蓝互换一下位置，即“上白下蓝前绿后黄左橙右红”。

其实“日本配色”是发明魔方的鲁比克教授最初使用的配色，但后来他听取了色彩研究者的建议，把相同色系的颜色安排到相对的两个面，这样就比较容

易区分，而不易发生颜色混淆。使得后来生产的魔方都是按照更改后的配色方案，标准配色也就成为了现在最流行的配色。但只有日本保持了原配色方案，所以把最初的配色方案叫做“日本配色”。

以上两种就是世界上最常用的配色方案。而另外还有一些不太常见的配色，比如把标准配色的白色换成黑色，或把标准配色的橙色换成紫色。

03 魔方的拆装和调试

拆卸魔方

如果你想要**拆一个魔方**，一般是从魔方的棱块开始拆。

以三阶魔方为例：

（1）不要直接硬掰某个块，而是先把魔方的**某一层转45度**，然后用手指把中间的那个棱块轻轻抠下来。

转动45度

取下中间的棱块

（2）接下来把其他的块一个个拿下来就行了。

拆的时候要小心，一个个拿下来，不要用力掰开魔方，否则容易造成卡脚断裂，而且如果是高阶魔方，内部弹力过大，而拆的时候又太粗暴，容易使整个魔方“爆开”，造成内部零件到处飞散，难以找回来。

（3）拆掉外部的块后，剩下中轴和六个中心块，如果需要继续拆，就先把六个螺丝都拧出来，把中心块和中轴分离，这样就把一个三阶魔方完全拆开了。

组装旧魔方

组装一个被拆掉的旧魔方，就是把拆魔方的步骤倒回去。

先把**中心**块和轴用螺丝弹簧连接好，再把各个块一个个组装上去。一般都是从底层开始一层一层往上装，装到顶层只剩下一个棱块的时候，把顶层转45度，然后把最后一个棱块按进去即可完成组装。

组装新买的魔方散件

如果是**新买的未组装好的魔方散件**，那么**第一步是攻丝**，因为魔方的中轴内部一开始是没有螺纹的，如果直接用螺丝连接中心块，有可能把螺丝拧歪掉。

因此需要先把螺丝保持竖直的状态，拧进中轴里面一段，然后再拧出来，这样中轴内部就拧出了螺纹。攻丝在六个方向都要做一遍。

然后**第二步才是六个中心块和中轴的连接**，有了第一步的攻丝，第二步拧螺丝的时候就不容易拧歪掉了，而且拧起来会轻松得多。

攻丝

中心块与中轴的连接

注意

不要把螺丝拧到底，保持2mm左右的轴距。**轴距**就是将中心块往外侧拉开时，中心块末端和中轴的距离，如右图红圈所示。而且每个方向的轴距必须保持一致，否则魔方各个层的松紧度会不一样。

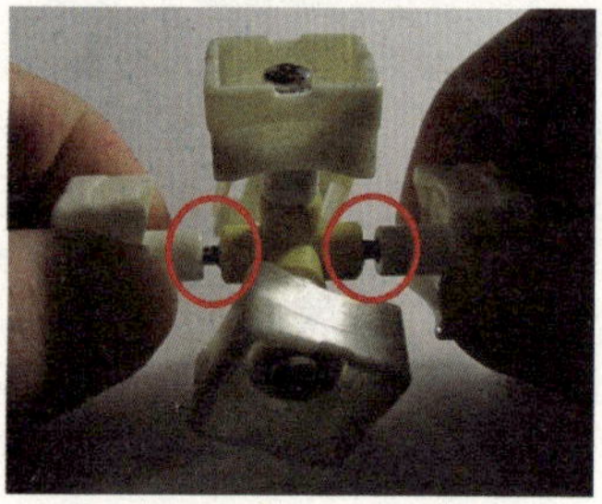

轴距的观察和调整

如果是“拼装式”的块，那么**第三步还要把各个块拼装好**。拼装的时候注意要拼装紧密，尽量不要出现拼装缝隙。

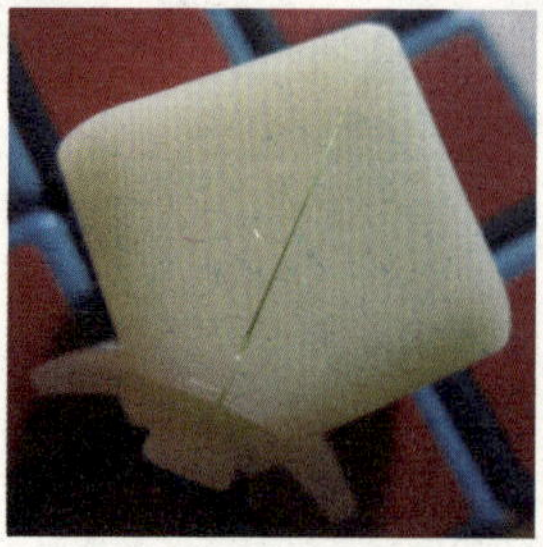

未拼装紧密的块

已拼装紧密的块

拼装好所有块后，就可以按照上面介绍过的步骤进行组装了。

高阶魔方的装配也是同样的思路，只是高阶魔方会出现内部隐藏块，需要先装好内部隐藏块，再装外部的块。总体顺序是**从内到外，从下到上**。

最后一步是把贴纸贴好，卖家一般都会提供六张六种颜色的贴纸和一张透明转贴纸。

贴纸和转贴纸

贴纸如果是一块一块地贴，会很费时间。而利用转贴纸，就可以实现一面一面地贴贴纸。

转贴纸是一张透明的单面有粘性的塑料纸。先把转贴纸有粘性的一面覆盖在某一种颜色的贴纸表面，压一下表面，使其粘住贴纸。然后慢慢把转贴纸揭下来，揭的时候会连带着贴纸一起被揭下来。而且揭下来的贴纸都排列整齐地粘在转贴纸上，这些贴纸有粘性的面是朝外的。把9块同颜色的贴纸用转贴纸揭下来后，就可以把它们一起贴到魔方的某一面上了。

把转贴纸覆盖在贴纸上

把转贴纸连带贴纸一起揭下来

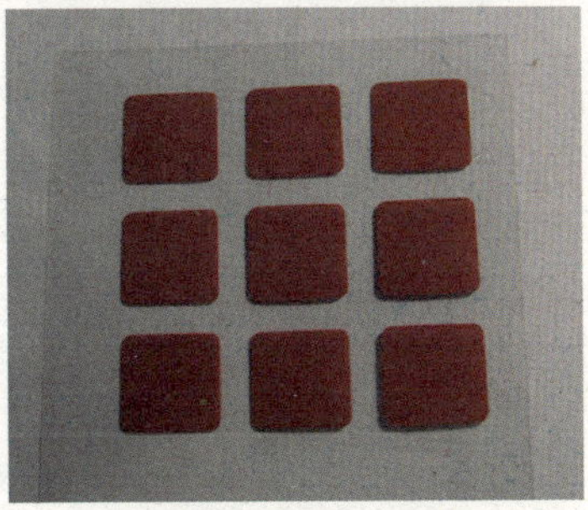

揭下贴纸的转贴纸

把贴纸一起贴到魔方的某个面上

注 意

贴的时候要耐心仔细，不要急着贴下去，要看好每块贴纸是不是位置正了，然后再慢慢贴下去。如果追求每块贴纸都贴得非常正，那么可以每次贴“一条”，也就是三块贴纸，甚至一块一块贴。利用好转贴纸，加上一定的耐心，贴好贴纸是很轻松的一件事。

魔方的调试

在装完一个新魔方后，可以对魔方进行调试。

调试一般是针对魔方的松紧度，因为松紧度会影响容错、稳定性和转动阻力。调整松紧度的具体方法就是拧各个中心块里的螺丝，注意每次拧的时候要把六个螺丝都拧相同的幅度，**拧螺丝的幅度一般是每次1/4圈**，要是觉得很紧或很松的话可以拧1/2圈。

魔方的松紧度不宜太松，也不宜太紧。松了容易POP，也就是转动过程中掉出一个块或多个块；而紧了会使容错变得太小，而且转动阻力也会增大。每个人可以根据自己的手感喜好来调试出合适的松紧度。

04 魔方的打磨和润滑

魔方的打磨

打磨就是用小刀、砂纸、锉刀、电磨等工具对魔方的块进行或浅或深的改造。通常打磨的目的是为了减少内部碰撞产生的卡顿感，以及增大容错。

并不是每个魔方都需要打磨，只有魔方在某个性能上有明显的缺陷时，才需要打磨。同时打磨也是一把双刃剑，打磨得好能使魔方性能有很好的提升，但如果打磨得不好，反而会使魔方性能下降甚至变成废品，因此大家在打磨魔方时要慎重。

最简单的打磨就是用小刀或砂纸把魔方每个块接触面上突出的瑕疵给磨

平，也就是去除“毛刺”，使各个块在旋转接触时尽量减少摩擦和碰撞。这些瑕疵包括分模线、注塑点等。

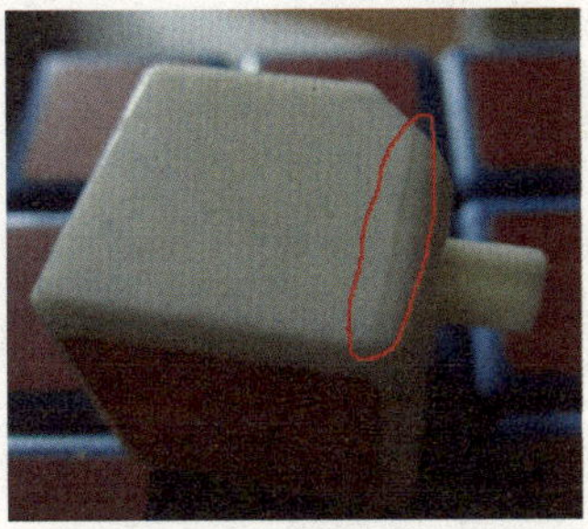
分模线

注塑点

再深入一点的打磨是把各个块的某些尖的角或边给磨平或磨圆。但并不是每个尖角或边都需要磨，而是关键的几个地方。而且在用工具进行深入打磨时，要注意力度和角度，不要磨太深或者偏离原位置，否则会使魔方的稳定性变差，甚至发生磨穿的情况。

大家在深入打磨的时候，最好参考一下论坛或贴吧相关魔方的打磨教程，不要自己乱打磨，不然很容易把魔方磨废掉。特别是没有接触过打磨的新手，不建议对魔方进行深入打磨，只需要打磨掉一些瑕疵即可。

自然磨合是风险最小的打磨方式，对魔方性能的提升也有一定的效果。自然磨合就是通过长时间的转动，使魔方内部原本需要打磨的地方，在碰撞中渐渐自然磨平，接近或达到手工打磨的效果。

因此对于不知怎么打磨的新手，买到新魔方后，最合适的打磨方式是：先手工去除“毛刺”，然后自然磨合。现在的魔方做工越来越好，一般都不会出现明显的“毛刺”，因此建议只采用自然磨合即可。自然磨合最好是在内部未润滑的情况下进行，也就是所谓的“干磨”，这样的磨合效果会比较好。干磨一段时间后再加入润滑油进行润滑，会使手感有大幅度的提升。

魔方的润滑

润滑就是用魔方专用润滑油使魔方内部的接触面之间的摩擦阻力变小，达到转动顺滑的目的。

润滑油分为两大类，一种是油性的，一种是水性的。

油性的有硅油、D39等，油性润滑油的效果持续时间较长，但加多了容易发粘。水性的有小丸号润滑油，水性润滑油的效果持续时间较短，但润滑效果很好，且不易发粘。

大家在找不到魔方专用润滑油的时候，一定注意不要使用食用油、润肤乳、机油等非魔方专用的润滑剂，否则会对魔方内部接触面造成很不好的影响，甚至使整个魔方报废。

润滑的方法是先把魔方拆下一个棱块，然后把魔方专用润滑油滴入或喷入魔方内部，一般对于三阶魔方滴一两滴润滑油就够了，而高阶魔方可以多加几滴，但不要加多了。然后装上棱块，转动魔方各层使润滑油在魔方内部充分润滑。如果用一段时间后感觉魔方出现发粘的情况，那么就将魔方所有块拆下，然后用纸巾将表面的润滑油和其他污垢擦干净，最后再装好即可，千万不要用水洗或泡。

05　魔方的选购常识

现在市场上的魔方越来越多，各种品牌和类型的魔方层出不穷。在这些魔方中如何选择最适合自己的魔方呢？以下是魔方选购的几个常识。

性能指标

首先选择魔方必然是从它的性能指标入手，也就是容错、稳定性和顺滑度。

大容错魔方并不是适合所有的魔方玩家，对于魔方初学者，应该选择中等容错或较小容错的魔方。因为初学者的手法还未定型，如果选用大容错的魔方，会使手法精准度下降，变得过于依赖容错，这对于今后手法的成型有极大的负面影响。

稳定性是选择魔方的一个很重要的参考指标，稳定意味着不容易变形和POP，而这两种情况对转动魔方的过程会有很大的影响。特别是比赛中，保持稳定的魔方整体更是极其重要的一个因素，一旦魔方不稳定，复原过程也会变得不顺畅，极易产生卡顿，使成绩下降。因此在选择魔方时，对于魔方的稳定性应该有所看重。

魔方转动时当然是越平稳越好，震动和小卡不仅会影响手感，严重时还会阻碍转动。但是魔方的转动阻力不是越小越好，如果阻力太小，会使魔方难以控制，出现转过头的情况。因此对于控制力强的高手可以选用阻力较小的魔方，而初学者就建议选用阻力适中的魔方，对于手法的练习也有一定帮助。

成品和散件

大家在网上购买魔方时，要注意所购买的是成品还是散件。

成品是指组装好的魔方，你最多只需要稍作调试，然后贴上贴纸即可。而散件是指未安装好的魔方，一般是寄给你一袋零件，需要你自己动手组装。

成品由于是由店家或厂家组装，所以组装的质量不一定有保障，可能会出现一些小问题。而散件可以完全由自己组装。因此对于有一定组装经验或对魔方组装要求较高的魔方玩家，可以选择购买散件；而组装经验少或对于组装质量要求不高的魔方玩家则建议购买成品。

成品和散件

魔方底色

市场上销售的魔方通常还可以选择底色，也就是塑料块本身的颜色。

最常见的底色是白色、黑色和原色。

原色是有些发黄而略有透明感的颜色，它是塑料本身的颜色。白色和黑色则是加入了不同颜色的染料制成的。不同底色的魔方在手感上差别不大，可能原色的手感稍微好一点。而在观察效果上，就取决于魔方玩家的习惯了。如果习惯白色魔方，那么就会觉得白色魔方容易观察，黑色魔方难观察。

因此一开始不用纠结选择哪种底色的魔方好，依照自己的喜好选择即可。

不同底色魔方（白色、黑色、原色）

魔方尺寸

标准三阶魔方的尺寸是57mm（边长），有的魔方为了适合手小的魔方玩家会适当缩减尺寸。但和底色一样，合适的尺寸大小还是习惯问题，除非是手特别小的魔方玩家，可以选择小尺寸魔方，对于绝大部分魔方玩家，标准尺寸（57mm）的魔方完全能够转得合手。

在习惯了某种尺寸的魔方后，即使是1mm的改变，在手感上也会有很明显的变化。因此建议新手选择标准尺寸（57mm）或56mm左右的魔方，这样以后在更换新魔方就较快地适应，不会出现不习惯的情况。

不同尺寸的魔方

Chapter 03

三阶魔方入门玩法

01 三阶魔方的基本概念

02 三阶魔方的转动符号

03 三阶魔方的转动手法

04 三阶魔方的还原之路（层先法）

05 层先法提高篇

01 三阶魔方的基本概念

三阶魔方的组成

所谓三阶魔方，最直观的概念就是每条边有三个格子，每一面有3×3共9个格子，一共由6个面组成的立方体。想必这也是大多数人对于三阶魔方的最初概念。

表面上看这么来理解一个三阶魔方并没有错，它确实是一个个格子所构成的立方体。但是其实这样的理解没有抓住三阶魔方的本质，或者可以说理解的角度存在问题。这种理解上的偏差使得人们在尝试解三阶魔方的时候，常常会出现这种情况：这边颜色对上了，另一边又乱掉了。顾此失彼，进退两难，因此会感觉到魔方太难了，不是一般人能理解和还原的。

实际上，三阶魔方作为一个立体结构，应该要从立体的角度来看待和理解。而一般人们总是从平面的角度来看，将六个面独立起来分开看，每一个面上都有不同颜色的格子，这些格子可以在各个面之间移动。我们应该要纠正这种错误的理解。其实魔方的六个面上的格子并非是相互独立、互不影响的。格子只是表象，其实质是一个个小的“立方体块”露出的面，三阶魔方正是由这一个个小“块”所组成，而不是由格子组成的。

因此对三阶魔方正确的理解应该是“块”和“层”，而不是“格子”和“面”，就像一块块立体的砖头堆砌起来的建筑物一样。复原三阶魔方也是“一层一层”地来，而不是“一面一面”地来。

为了更深入地了解这些“块”，也就是三阶魔方的基本单位，我们来设想一个表面涂满巧克力的立方体蛋糕。横着切三刀、竖着切三刀，再和桌面平行切三刀，就切出了一个三阶魔方。然后我们来看看切出来的这些小蛋糕都有什么特点。

首先看位于每一面的正中间的那一块蛋糕，它只有一个面是涂着巧克力的，这个就是三阶魔方的中心块。中心块的外观特点很明显，就是只有一个颜色。

然后再看任意一条边的中间那一块蛋糕，它有两个面都涂着巧克力，这个就是三阶魔方的**棱块**。棱块的特点是每个棱块有两个颜色。

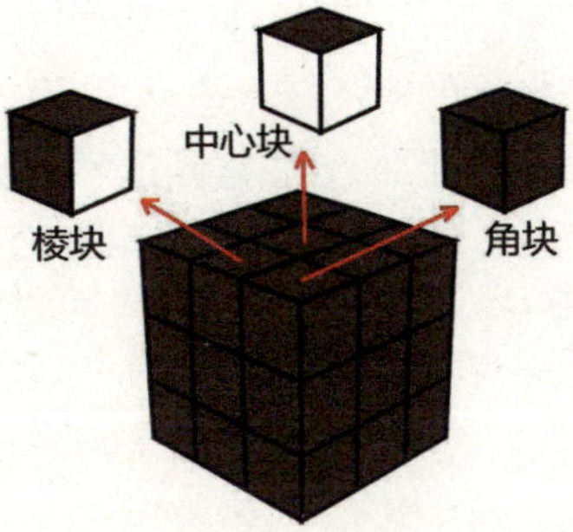

最后来看位于角落的那几块蛋糕，它们表面的巧克力最多，每一块有三个面涂有巧克力，这个就是三阶魔方的**角块**。角块的特点是每个角块有三个颜色。

可能有人会问最中心那块没涂巧克力的是什么块呢？其实那个位置是中轴，也就是连接和控制每个块的中枢，一般是用6组螺丝和弹簧连接中轴和6个中心块。正因为有了中轴的存在，魔方才能顺畅的转动而不会散架。一般中轴不参与魔方表面的颜色变化，所以可以无视它的存在。

所以一个三阶魔方就可以分为这三种块：中心块、棱块、角块。

从某个方向看，三阶魔方可以分成三层，其中有两个外层和一个中层。一个外层包含有1个中心块、4个棱块和4个角块。一个中层包含有4个中心块和4个棱块。整个魔方的中心块共6个，棱块共12个，角块共8个。如下图（图中深灰色标示的是相应类型的块）.

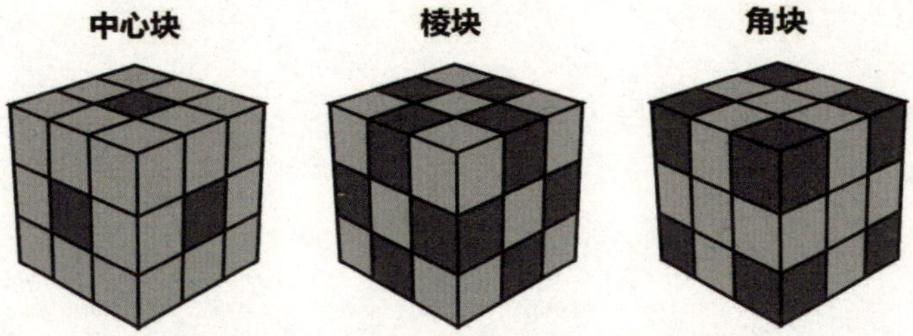

正是以这26个块为基础构成了魔方的亿万种变化形态。

中心块、棱块和角块的移动规律

我们知道了三阶魔方是由中心块、棱块和角块组成的，接下来就要开始研究它们的移动了。这三种块在三阶魔方上并非是杂乱无章地移动，而是遵循一定的规律。

规律1：一个块只能移动到和它同种的块的位置上

也就是说，无论怎么转动魔方，一个中心块只能跑到另一个中心块的位置，而不可能跑到某个棱块或角块的位置上。角块和棱块也同样，角块只能在魔方的8个角的位置间移动，不会跑到其他位置上。这是一个很重要的规律，可以帮助人们避免走一些误区。常常看到一些初学者指着某个棱块的颜色，问怎么把它移到这个角落（某个角块的位置）来，这就是不了解这个规律所造成的误区。

规律2：只转外层不会改变中心块的位置

一般还原魔方几乎都是只转外层，也就是六个面所在的层，所以根据这条规律，中心块的位置通常是不会改变的。

中心块可以说是魔方每个层的轴心，这一层中的所有角块和棱块都是绕着中心块这个轴心来移动的。因此中心块是可以作为参照物的存在，而实际上复原魔方的关键就在于12个棱块和8个角块，只要把这12个棱块和8个角块正确归位，三阶魔方也就复原了。

规律2的衍伸：中心块的颜色决定了某一面的颜色，也决定某个角块和棱块的正确位置

既然中心块是可以作为魔方每个面的参照物，因此中心块的颜色就决定了这个面应该是什么颜色。

例如一个面的中心块是红色，那么这个面复原时的颜色就是红色，你要做的就是把其他带有红色的角块和棱块都移动过来。而某个角块或棱块是否正确归位了，就看它的每个颜色是否和所在的这一面的中心块颜色相同。

例如“红黄”棱块，你看它的红色和黄色分别所在的面上的中心块颜色是否也是红色和黄色，如果是的话就说明这个棱块已经正确归位（如左图）。右图的“红黄绿”角块也是处在正确的位置上，因为它的三个颜色都和所在面的中心块颜色相同。因此想要找到某个角块或棱块的正确位置，只要根据中心块的颜色来寻找就行了。

三阶魔方的复原思想

一般的速解方法都是通过块的堆砌，如同造房子般，按照一定顺序把各个块全都正确归位，也就完成了魔方的复原。例如接下来要讲的初级方法“层先法”，它的复原步骤如下：

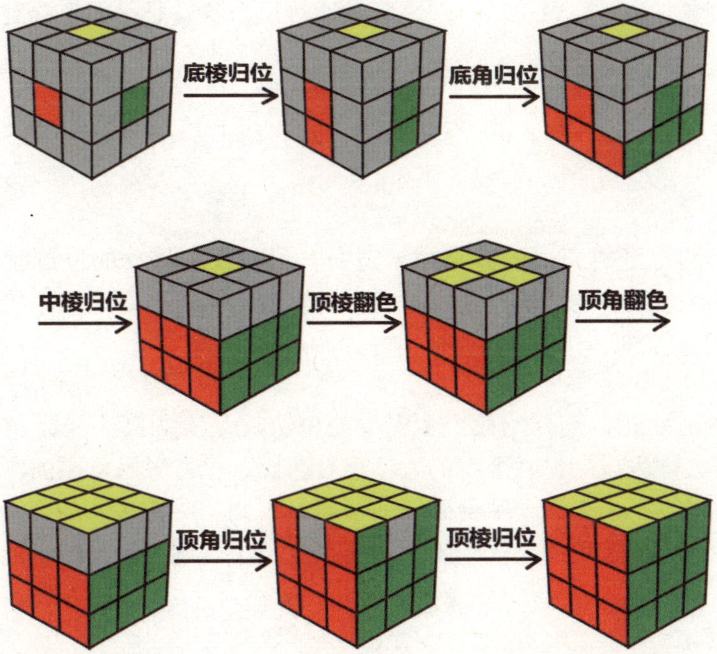

从“层先法”的七个步骤的图示中可以清楚地看到“造房子”的过程，从底层开始，一层一层往上堆砌，最后完成整个魔方的复原。灰色区域代表颜色不确定，也就是尚未归位。而有其他颜色标示的地方，说明这里已经正确归位了。

三阶魔方的这个复原思想其实和另一种智力游戏很像，就是滑块游戏。

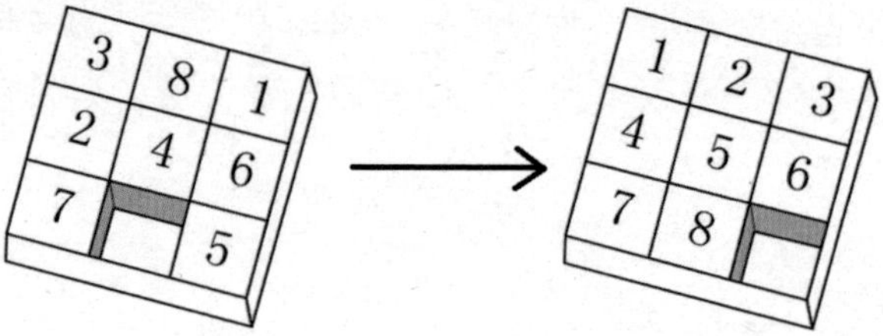

如上图，就是3×3的滑块游戏，有9个位置和8个带有数字的方块，要利用空缺的那个位置，来移动各个方块，完成8个数字的排序。

一般我们都是按照数字的顺序来一个个排正确，先找到1，然后把它移动到左上角，然后是2、3，这样就完成了最上面的一排，接着就按照这样的方法慢慢排。这就和魔方的复原思想很类似，可以说滑块游戏就是平面上的魔方，或者说魔方就是三维的滑块游戏。

而且玩过滑块游戏的人都会体会到，刚开始很简单，很快就把前几个数字排正确了，但是越到后面就越难。

这是因为已经排正确的数字越来越多，可以任意移动的位置就越来越少，也就是剩下几个数字的“活动范围”变得越来越小，想要在这么小的空间把它们排正确是很困难的。

魔方也是如此，刚开始几个步骤很简单快捷，前两层（底层和中层）很快就能复原，公式也很短，甚至有的人不用看教程，也能轻易复原前两层。但是到了第三层就困难了，怎么动都会破坏前两层。因此“层先法”在第三层也需要分四个步骤，每个步骤用的公式相比于之前也变长了。这也是“活动范围”变小造成的结果。

因此魔方的这种“堆砌式”复原思想的好处是条理性很好，每一步知道该做什么，速度很快；但坏处就是越到后面越困难。

02 三阶魔方的转动符号

在掌握了三阶魔方的基本概念后，我们对它就有了一个大概的了解。但此时不要着急想着还原，在这之前还有重要的一个知识，就是三阶魔方的转动符号。

三阶魔方的转动方式有几十种，因此必须要设定一套合理的转动符号来表示每一种转动方式。有了转动符号，魔方爱好者们就能很方便地记录每个步骤，从而总结出各种还原方法以及对应的公式。

所谓“公式”，其实就是一连串的组合转动，可以让魔方从某个特定的“初始状态”转换成另一个想要的“目标状态”，是快速复原过程中必不可少的东西。后面的还原教程中都会用到各种转动符号组成的公式，要想看懂，就必须学会每个转动符号代表的含义。

因此转动符号可以说是魔方世界中的“语言”，只有学会了这种“语言”，才能真正踏入魔方的奇妙世界。

由于英文字母的流行性和方便性，现在魔方界都是统一使用字母和标点数字的组合作为转动符号，几乎所有教程中的公式都是用字母符号来表示的，而魔方爱好者们也都已经习惯用字母表示转动。然而有的初学者喜欢用文字来表示转动，把公式转化为口诀，这样就比较好记。这种方法确实很好，大家初学的时候可以尝试。但是如果只会用文字表示而不懂字母表示的话，会对以后的学习交流会造成困难。因此学习用字母表示转动是必要的。

但是开始的时候不用把这么多字母的含义都背熟，我建议大家先把这一节浏览一遍，在下一节学习了转动手法后再回过来把手法和符号对应在一起，这样手脑结合起来记忆会比较好。在后面也会接触到很多字母公式，忘了某个字母符号怎么转的话就回来看看，一段时间后自然会变得非常熟悉。

接下来就开始介绍三阶魔方各种转动方式对应的转动符号。

三阶魔方的转动方式可以分为三大类：单层转、双层转、整体转（三层转）。而单层转又可分为“外层转”和“中层转”。

单层转

（1）外层转

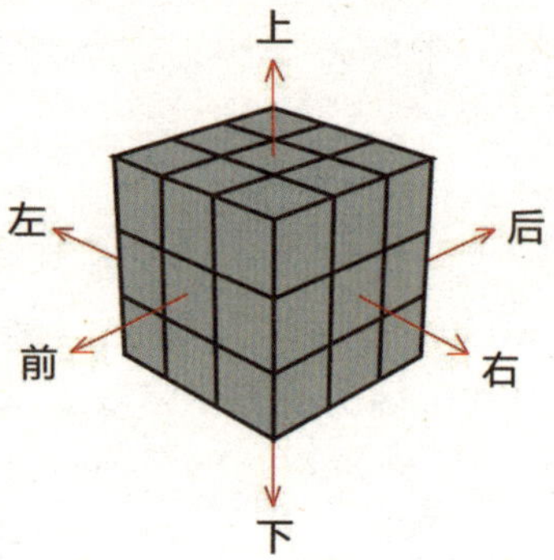

因为三阶魔方有六个面，因此也就有六个外层。每个面的朝向共有六个方向：上、下、左、右、前、后。如图所示（右前方视角）。

那么某一外层的转动，我们就用对应方向的英文首字母来表示：

上——up——U

下——down——D

左——left——L

右——right——R

前——front——F

后——back——B

（2）中层转

U层和D层之间的中层——E

R层和L层之间的中层——M

F层和B层之间的中层——S

合起来就是EMS，邮政快递的缩写，哈哈，很好记吧。

双层转

双层转就是一个外层带上一个中层一起转，用外层字母的小写来表示。

上面两层转——u

下面两层转——d

左面两层转——l

右面两层转——r

前面两层转——f

后面两层转——b

整体转（三层转）

三层一起转就相当于把整个魔方当成一个整体来转。用空间直角坐标系的三个方向x、y、z来表示。某个整体转其实就是整个魔方绕着某个坐标轴来旋转。

例如，x就是整个魔方绕着x轴旋转，y就是整个魔方绕着y轴旋转，z就是整个魔方绕着z轴旋转。

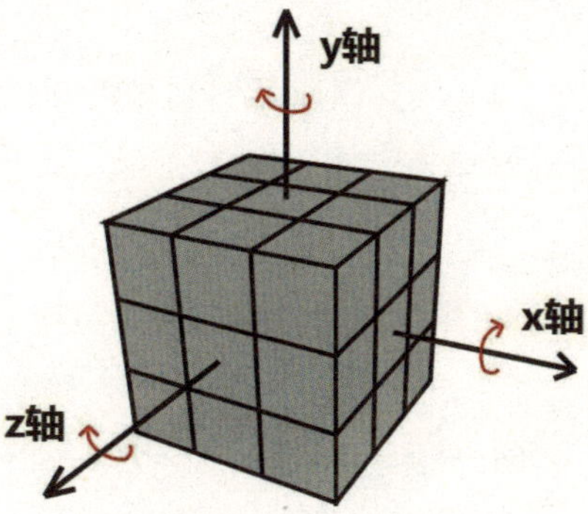

用字母和符号表示每一种转动

首先要明确“**顺时针转**”和“**逆时针转**”的含义。

“某一外层顺时针转”就是指这一外层在面朝自己时，旋转方向是顺时针。逆时针同理。

中层转时，E的旋转方向同D，M的旋转方向同L，S的旋转方向同F。

双层转时，旋转方向和对应的外层旋转方向相同，例如u方向同U，r方向同R。

三层转时，x的旋转方向同R，y的旋转方向同U，z的旋转方向同F。

单个字母代表这一层顺时针转90度，例如“U”、“r”、“E”、“x”。

如果字母后面跟上一撇“'”，就是逆时针转90度，例如“U'”、“r'”、“E'”、“x'”。

如果字母后面跟上“2”，就是顺时针转180度，例如“U2”、“r2”、“E2”、“x2”。

如果字母后面跟上“'”和“2”，就是逆时针转180度，例如“U'2”、“r'2”、“E'2”、“x'2”

如果几个字母符号的前后有括号，后面跟上数字，就是把括号中的步骤做几遍的意思。例如“(R U R' U')6”，就是把R U R' U'做6遍。

实际上，顺时针转180度和逆时针转180度的效果是一样的，只是有时候顺着做或逆着做比较顺手。关于手法的问题在下一节里会讨论。

转动符号图解

下面是各个转动方式的字母符号以及对应的图示。

1. 单层转（外层）

按照常用度从上到下排序——U R F L D B。

U类	顺时针转90度	逆时针转90度	顺时针转180度	逆时针转180度
	U	U'	U2	U'2

R类	顺时针转90度	逆时针转90度	顺时针转180度	逆时针转180度
	R	R'	R2	R'2

F类	顺时针转90度	逆时针转90度	顺时针转180度	逆时针转180度
	F	F'	F2	F'2

L类	顺时针转90度	逆时针转90度	顺时针转180度	逆时针转180度
	L	L'	L2	L'2

续表

D类	顺时针转90度	逆时针转90度	顺时针转180度	逆时针转180度
	D	D'	D2	D'2

B类	顺时针转90度	逆时针转90度	顺时针转180度	逆时针转180度
	B	B'	B2	B'2

2. 单层转（中层）

M类	M	M'	M2	M'2
	方向同L转90度	方向同L'转90度	方向同L转180度	方向同L'转180度

S类	S	S'	S2	S'2
	方向同F转90度	方向同F'转90度	方向同F转180度	方向同F'转180度

续表

	E	E'	E2	E'2
	方向同D转90度	方向同D'转90度	方向同D转180度	方向同D'转180度
E类				

3. 双层转

按照常用度从上到下排序——**u r f l d b**。

	顺时针转90度	逆时针转90度	顺时针转180度	逆时针转180度
	u	u'	u2	u'2
u类				
	顺时针转90度	逆时针转90度	顺时针转180度	逆时针转180度
	r	r'	r2	r'2
r类				
	顺时针转90度	逆时针转90度	顺时针转180度	逆时针转180度
	f	f'	f2	f'2
f类				

续表

l类	顺时针转90度	逆时针转90度	顺时针转180度	逆时针转180度
	l	l'	l2	l'2

d类	顺时针转90度	逆时针转90度	顺时针转180度	逆时针转180度
	d	d'	d2	d'2

b类	顺时针转90度	逆时针转90度	顺时针转180度	逆时针转180度
	b	b'	b2	b'2

4. 整体转

x类	顺时针转90度	逆时针转90度	顺时针转180度	逆时针转180度
	x	x'	x2	x'2

续表

y类	顺时针转90度	逆时针转90度	顺时针转180度	逆时针转180度
	y	y'	y2	y'2

z类	顺时针转90度	逆时针转90度	顺时针转180度	逆时针转180度
	z	z'	z2	z'2

03 三阶魔方的转动手法

所谓转动手法，就是转魔方时手的动作姿势。（扫描二维码即可观看视频）

大部分初学者都喜欢直接用整只手抓住某一层来转动，就像拧一个大号螺丝一样。这其实是很不好的手法，转动时手的动作幅度太大，不够灵活。

一套好的手法是很重要的，它可以让每一步之间的衔接更自然流畅，从而大大减少每一步转动的时间，手的动作也从大幅度的手掌运动变成手指拨动，更方便省力，对于后期的提速有很大帮助。而且手法对于记忆表示转动的字母符号也有好处，因为每一种转动方式的手法都是不尽相同的，一个字母符号对应一种转动手法，这样一一对应着记忆，比起直接背字母符号的含义有效得多。

掌握魔方的正确转动手法，关键就是抛弃“用手掌拧”的习惯，改成“用手指拨”。在介绍转动手法前，首先我们得知道如何正确握持一个三阶魔方。以右撇子为例，如下图所示。

左前视角

右前视角

左手拇指和中指分别按在前后中心块上，也就是夹住整个魔方。左手其他手指可以悬空或轻轻搭在魔方上，右手的姿势和左手差不多，只是拇指和中指夹着的是右层。这样握持一个魔方，就能使得大部分手指空闲出来，各自负责不同层的转动，速度和效率将会大大提高。

接下来就正式开始介绍每一种转动方式对应的转动手法（请在光盘中观看转动手法视频进行学习）。

外层转

1．R类和L类

所有转动方式中只有R类和L类转动是用类似“掌拧”的手法，但也有所区别。

R类是用右手拇指和中指夹住R层（可以前后夹，也可以上下夹）来完成R类的转动。注意不要把整个手掌覆盖住右面来转动，而是轻巧地用拇指和中指夹住转动。

L类则是用左手，此时换做右手拇指和中指夹住前后两个中心块，左手拇指和中指夹住L层来完成L类的转动。

2. U类

U类转动是复原过程中用到最多的转动，主要靠左右手的食指拨动来完成。

U的做法：用右手食指向前拨顶层右后方的角块。

U'的做法：用左手食指向前拨顶层左后方的角块。

U2和U'2的做法：可以是用食指连续拨U或U'两次，也可以用食指和中指连着拨。

3. F类和B类

F和B的做法：通过改变右手的姿态，然后按照转U的手法来转。转F时，右手拇指在下，中指在上，食指向下拨动顶层右前方的角块；转B时，右手拇指在上，中指在下，食指向上拨动底层右后方的角块。

F'和B' 的做法：用右手拇指做“挑”或“压”的动作来完成。转F'时，右手中指在上，拇指在下面向上“挑”底层右前方的角块；转B'时，右手中指在下，拇指在上面向下“压”顶层右后方的角块。另外F'和B'也可以换左手按照F和B的手法来做。

F2和B2的做法：可以用食指连续做两次F和B，或者可以像U2一样，食指中指连着拨。

F'2和B'2的做法：换左手来做。

有时也可以通过整体转动x和x'来把F类和B类转化成U类来转动。

4．D类

D的做法：用左手无名指向前拨底层左后方的角块。

D'的做法：用右手无名指向前拨底层右后方的角块。

D2和D'2的做法：可以是用无名指连续拨D或D'两次，也可以用无名指和小指连着拨，还可以直接用右手在下面像R2一样拧。

中层转

1．M类、E类和S类

中层转中用得最多的是M类，E类和S类几乎用不到。

这三类中层转可以用“双层转+外层转”或“外层转+双层转”来实现。例如M可以做成r' R或R r'；E可以做成u' U或U u'。也可以直接拨动（需抓住两边的层）：M是用食指向前拨顶层后方的棱块，M'是用无名指或小指向前拨底层后方的棱块，M'2是用无名指+中指或小指+无名指连着拨，M2通常都做成M'2。

E类的直接拨动做法同U类（需固定住上下两层），S类的直接拨动做法同F类（需固定住前后两层）。

2．双层转

双层转的手法和对应的外层转手法相同，如u和U，r和R。也可以用外层转+整体转来实现，如d可以做成U y'，l可以做成R x'。

3．整体转

整体转没有什么固定的手法，直接把整个魔方朝着某个方向“滚动”即可。

4．连续转动的衔接手法

多个转动方式组合起来后，就是一连串的动作。这些动作之间如何衔接也是有讲究的，好的衔接手法可以减少“换手”，也就是在未做任何转动的情况下变换手的姿势。“换手”少了，就让转动显得更顺手更自然，还可以进一步缩减做公式的时间，从而加快复原速度。

（1）各种转动组合中，R类和U类的组合是最常见的，其做法也最灵活多变，因此先介绍R类和U类的一些常用组合的转动手法。

- R U：起手时右手“拇指在下中指在上”，然后做R，做完后顺势右手食指拨U。
- R' U：起手时右手“拇指在上中指在下”，然后做R'，做完后顺势右手食指拨U。
- R U'或R' U'：由于第二步U'是左手负责做，因此第一步R或R'可以用任意手法，一般都是采用最自然的“拇指在前中指在后”起手姿势。

以上就是四种最基本的“RU组合”，U2的处理同U，U'2的处理同U'。这四种RU组合可以继续组合成下面五个很顺手的4步“公式”，大家可以反复做，用来练习手法。

R U R' U'	R' U' R U	R U' R' U	R' U R U'	R U' R' U'

有一个做着可能比较别扭的4步公式，特别说明一下，就是R U R' U。前三步都没问题，但是第四步U如果用右手食指拨就必须得换手。因此为了连贯不换手，有一种做法是做完前三步后，用右手无名指抵住顶层右后方角块，顺势往前“带”一下完成U。还有一种做法是前三步的手法稍微变换一下，起手换成“拇指在前中指在后”，第二步的U用左手食指向右推顶层左后方的角块，这样接下来的R' U就会很顺畅了。

（2）R类和F类的组合中也有一个是很常见的，就是R' F R F'。

R' F R F'：起手采用最自然的“拇指在前中指在后”做R'，然后右手食指顺势拨F，接着是R，最后的F'用右手拇指“挑”。注意做第三步R的时候，右手拇指要适当悬空，准备好从下面“挑”来完成F'。

最常见的就是以上介绍的这些组合，可以说它们是基础。把这些手法做熟并理解为什么这么做，那么其他不常见的组合例如R类和B类，大家就能自己去推敲该怎么做更顺手。

04 三阶魔方的还原之路（层先法）

第一步：底棱归位 （扫描二维码即可观看视频）

层先法的第一步是“底棱归位”，所谓“底棱”就是指位于底层的棱块，如果以白色为底的话，底棱就是带有白色的棱块，一共有四个。这一步的目的是让四个底棱回到它们正确的位置，正如造房子一样，先要打地基。如下图所示，就是完成这一步的效果。

图中的魔方是以白色为底面，可以看到在白色底面形成了一个十字形，所以这一步通常也被叫做“做底十字”，或简称“做十字”。需要注意的是，要完成这一步，不单单是形成一个白色十字，而且四个棱块的侧面颜色也要和对应的中心颜色对齐。图中可以看到“红白”棱块的红色和红色中心相连，“绿白”棱块的绿色和绿色中心相连，还有两个棱块也是如此。只有满足了“形成十字”和“侧面对齐”两个条件，才算是完成了第一步底棱归位。从单个底棱来看的话，它的正确位置就是和它的两个颜色相同的两个中心块之间的那个位置。如“红白”棱块的正确位置就是红色中心块和白色中心块夹着的那个位置，且要注意要让底棱和中心块相同的颜色处在同一面上，即连在一起，不要反了。把四个底棱都放到它们的正确位置中，自然就满足了“形成十字”和“侧面对齐”两个条件。

下面就详细介绍如何使一个底棱归位。

我们将魔方分为三层，白色所在的那一层是“底层”，黄色所在的那一层是“顶层”，中间夹着的就是“中层”。

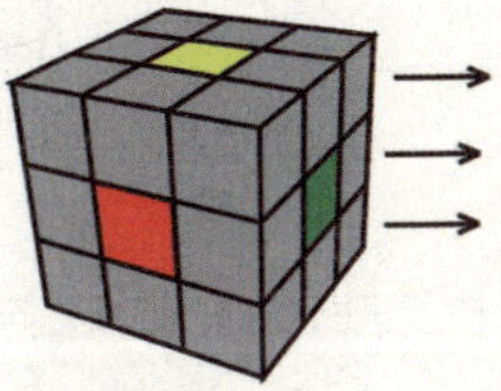

拿到一个混乱的魔方，首先找到一个处在错误位置状态的底棱，判断它是在哪一层。然后按照不同的情况分类处理。顶层转动不会影响已经归位的底棱，因此未归位的底棱在顶层是最容易处理的，而在中层或在底层可以先把棱块移动到顶层，然后再处理。

下面以“红白”棱为例。

如果是在顶层：

第一步先将魔方摆成红色中心朝向自己的位置（注意黄色中心始终朝上），就是把“红白”棱要去的正确位置摆到底层前面来（深灰色标示的位置）。如果是要处理“绿白”棱，那么就是把绿色中心朝向自己，其他颜色同理。

第二步看“红白”棱的白色朝向哪里，如果白色朝上，那么就通过转动U层（顶层），将它移动到U层的前方，如左图。使侧面的红色与红色中心对齐，也就是转到左图中的位置，然后做F2，完成“红白”棱的归位。如果白色朝侧面，那么就通过转动顶层，将它移动到顶层的右方，如右图。然后做R' F R，完成“红白”棱的归位。

如果是在**中层**：

不管白色朝哪，都先转化成棱块在顶层的情况。

如左图，以“红白”棱为例，将魔方摆成“红白”棱在中层右前方的位置（注意黄色中心始终朝上），然后做R U R'，就可以把在中层的棱块移动到顶层。然后按照上面的在顶层处理方法归位即可。

但如果发现红色和红色中心相连，如右图，那么就不用先移动到顶层，直接做F即可归位。

如果是在**底层**：和中层一样，转化成棱块在顶层的情况。

如右图，以“红白”棱为例，先将魔方摆成“红白”棱的位置在底层前方的位置（注意黄色中心始终朝上），然后做F2，就可以把在中层的棱块移动到顶层。然后按照上面在顶层的处理方法归位即可。

这样把四个底棱（红白棱、绿白棱、橙白棱、蓝白棱）依次归位，就完成了第一步。

总结一下底棱归位的各个步骤：

❶ 找一个底棱（带白色的棱块）。如果在中层则看❷，如果在底层则看❸；如果在顶层则看❹。

❷ 底棱在中层，整体转动魔方，把它摆到中层右前方的位置，做R U R'。

❸ 底棱在底层，整体转动魔方，把它摆到底层前方的位置，做F2。

❹ 找到这个底棱对应的侧面中心，整体转动魔方，把这个中心朝自己。

❺ 看底棱的白色朝那里，如果朝上则看❻；如果朝侧面则看❼。

❻ 底棱的白色朝上，转动U层，将底棱移动到顶层前方，做F2。

❼ 底棱的白色朝侧面，转动U层，将底棱移动到顶层右方，做R' F R。

原理解析

在掌握底棱归位的方法之后，我们仔细剖析一下相关的原理，这可以帮助大家加深理解，便于在实践中更明白、更灵活地使用公式。

想要研究怎样才能让某个底棱归位，就得先看看它是怎么从正确位置上被移走的，也就是逆向思维。

如右图，以“红白”棱为例，此时它是在正确位置上，即红色面和红色中心相连，白色面和白色中心相连。图中红色中心所在的层是F层，白色中心所在的层是D层。现在的目的是要移走红白棱，那么第一步当然是转动和它相关的层（F层或D层）。以F层为例，转一下看看。

下图是转了F'的效果，可以看到原来相连的两块白色被分开了，但是两块红色仍然是相连的。那么为了更彻底地“移走”，我们再转动R层看看。	下图是转了R的效果，可以看到“红白”棱已经被移到顶层上去了，原来和中心相连的红色和白色，都已经被分开。

以上就是一个底棱被移走的全过程，总结一下就是分为这两步：

❶ 底棱的某个和中心相连的颜色被分开。

❷ 底棱的另一个和中心相连的颜色也被分开。

由此可见，一个底棱归位的过程，就是上述过程的逆过程，即：

❶ 先把底棱的某个颜色和对应的中心块相连。

❷ 再把底棱的另一个颜色也和对应的中心块相连。

因为转动D层会同时移动底层的四个底棱，会破坏已经归位的底棱，所以对于初学者，一般都是先通过转动D层以外的其他层来连接底棱的侧面颜色和侧面中心，然后再连接其底面颜色和底面中心，完成一个底棱的归位。如下图所示。

一个棱块所处的位置，共有12个，因为棱块有两个颜色，原地翻转后就变成另一种状态，于是共有12×2＝24种位置状态。除去它的正确位置状态，剩下的23种错误位置状态可分为三类：

第一类是“一步归位”的位置状态，其特征是底棱只有一个颜色和对应的中心相连。	第二类是“两步归位”的位置状态，其特征是底棱的两个颜色与它们对应的两个中心都不相连，也就是说底棱处在与“它两个颜色对应的中心”都无关的地方。	第三类是“三步归位”的位置状态，其特征是底棱的两个颜色中，其中一个颜色和“另一个颜色对应的中心”相连。

续表

如上图，“红白棱”的红色和红色中心相连，白色却是分开的，就是属于“一步归位”的位置状态，可以转一步（F）实现红白棱归位。	如上图，“红白”棱无论是红色或白色，都与红色中心、白色中心不相连，就是属于“两步归位”的位置状态，需要至少转两步（R' F）实现红白棱归位。	如上图，“红白”棱的白色和红色中心相连，就是属于“三步归位”的位置状态，需要至少转三步（不转D层的情况下，例如R U F2）实现红白棱归位。

三类位置状态和正确位置状态的关系是：

“三步归位” ⟶ “两步归位” ⟶ “一步归位” ⟶ “正确归位”

因此底棱归位的步骤就很清楚了，先把所有错误状态都转化成“一步归位”的状态，然后再转一步就能实现正确归位了。

我们再回头看开头介绍的底棱归位方法。底棱在顶层，白色朝上的话，把它移动到前方，侧面颜色和侧面中心连在了一起，此时就转化成了“一步归位”的状态。白色朝侧面的话，如果也移动到前方，那么就变成了“三步归位”的状态，因此要避开前方，移动到顶层右方，此时是“两步归位”的状态。细心的人可能会发现，既然是“两步归位”，为什么会有三步的公式（**R' F R**）呢？其实做完前两步**R' F**后，“红白棱”已经归位了，但是如果右边的“绿白”棱存在且已归位的话，就会把它给移走，也就是破坏了“绿白”棱的归位状态。所以要再做一个**R**，使得“绿白”棱重新归位。这种“先移走，再回来”的做法在后面的步骤中会有很多应用，大家可以先体会一下这种思路。

第二步：底角归位

（扫描二维码即可观看视频）

在四个底棱归位后，也就是完成底面十字后，接下来要做的就是四个底角

的归位。“底角”即底层的四个角块，它们都有一个面是底层的颜色。完成四个底角的归位后，底层就还原了，如右图所示。

和底棱归位一样，单个底角的正确位置也是由中心块确定，只是变成了三个中心块所夹着的那个位置。如上图中的“白红绿”角块，它所处的就是白色中心块、红色中心块和绿色中心块之间的位置。而该角块的白色面和白色中心块在同一面，红色面和红色中心块在同一面，绿色面和绿色中心块也在同一面，这样一来这个底角就正确归位了。

由于角块共存在8个位置，顶层四个和底层四个。因此底角所处的位置可分为两大类情况，一种是在底层，另一种是在顶层。又由于底层已经有四个棱块归位，转动底层会破坏它们，因此一般都是从顶层把目标角块按照特定的步骤移动到底层的正确位置，即“从上到下”的归位路径，如下图（左）所示。

在讲解如何把底角归位之前，我先给出一个短却很有用的公式：

R U R' U'

它的一个作用是：做一遍这个公式，可以把顶层和底层右前方的两个角块交换位置。也就是把右前方的角块从顶层移动到底层，或从底层移动到顶层，如图下（右）所示。

而连续做6遍的话，一切就会回到原来的状态，这是一个很有用的性质。一个复原的魔方做6遍R U R' U'后，得到的还是一个复原的魔方。有兴趣的读者可以分别做1到6遍这个公式，研究每一遍会对右前方的上下两个角块产生什么效果。以下就是介绍如何利用这个公式来处理底角在顶层的三种情况。

分为以下几个步骤：

❶ 先在顶层找到一个底角（如果在顶层找不到任何一个底角，请跳转到“❻特殊情况处理”）。	❷ 然后找到它在底层的正确位置。	❸ 整体转动魔方，把这个正确位置摆在右前方。	❹ 通过转动U层移动到顶层的右前方。
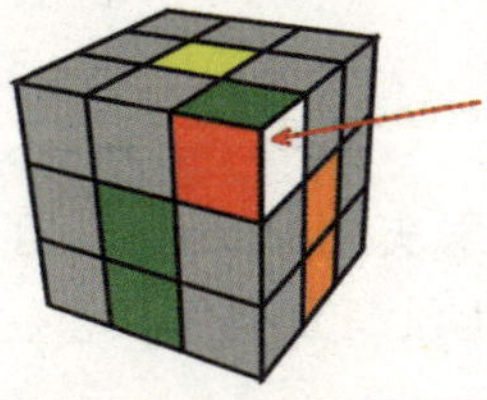			

❺ 然后可以根据它底面颜色（白色）所处的位置来分为三种情况：

第一种**白色朝右**

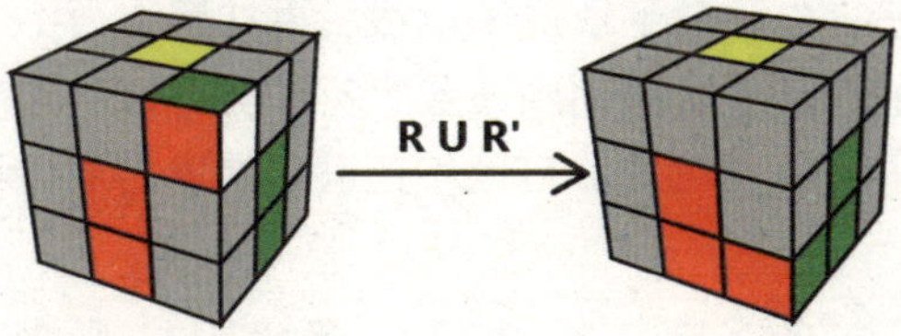	遇到这种情况，直接做一遍刚才提到的公式：R U R' U'，即可把底角归位。最后的U'可以省略不做，于是公式变为：R U R'。

第二种**白色朝前**

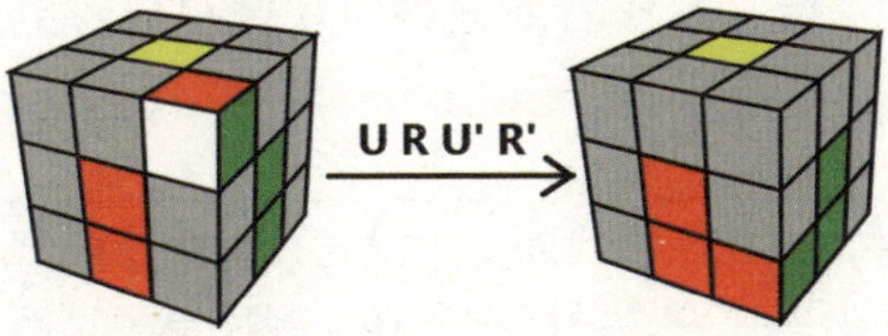	刚才研究过那个公式的读者可能会发现，一个复原的魔方(白色朝下)，做一遍R U R' U'后，就是这种情况。因此这种情况的公式，就是倒过来做那个公式，即：U R U' R'。

第三种**白色朝上**

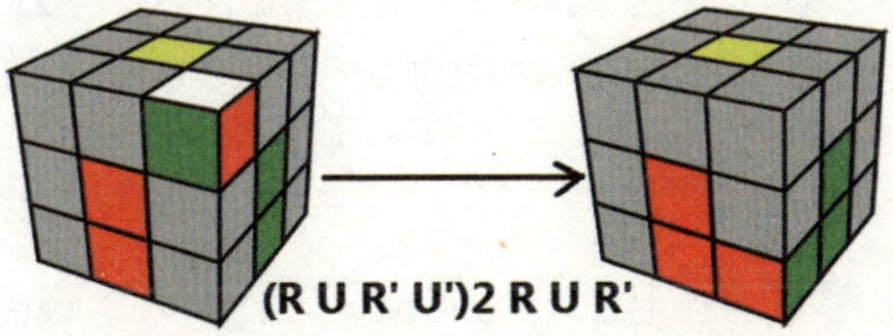	同样，一个复原的魔方（白色朝下），做三遍R U R' U'后，就会出现这种情况，因此可以和第二种情况一样倒过来做得到公式，但也可以利用做6遍还原的性质，得到(R U R' U')3这个公式，即做3次R U R' U'。最后的U'可以省略不做，因此第三种情况的公式是：(R U R' U')2 R U R'。

续表

<table>
<tr><td colspan="2">❻ 特殊情况处理：如果四个底角没有全部正确归位，而顶层找不到任何一个底角，那么说明有底角是在底层错误的位置，或是位置正确但方向不正确（白色没有朝底下）。</td></tr>
<tr><td></td><td>左图是“白红绿”角块在底层错误位置的情况。</td></tr>
<tr><td></td><td>左图“白红绿”角块位置正确，但白色是朝前的，也没有正确归位。</td></tr>
<tr><td colspan="2">找到这样一个位置错误的底角后，就要把它先移动到顶层来，然后再按照上面的步骤“从上到下”正确归位。那么怎么把它从底层移动到顶层呢？其实可以利用前面介绍的“R U R' U'”的性质——做一遍这个公式，可以把顶层和底层右前方的两个角块交换位置。</td></tr>
<tr><td>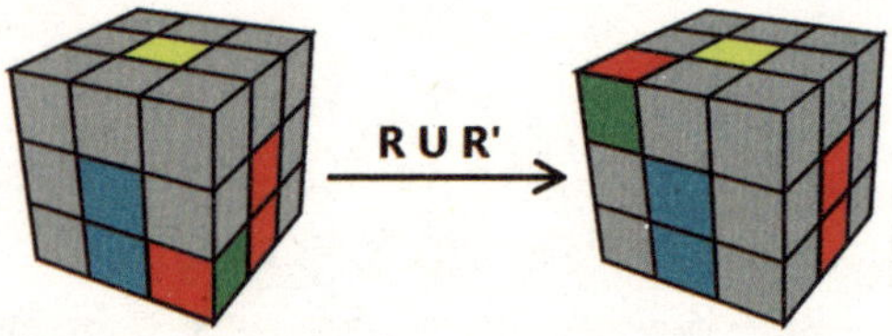</td><td>在这里这个公式末尾的U'可以省略，因为做了“R U R'”三步以后，底层右前方的角块就已经移到顶层了。</td></tr>
<tr><td colspan="2">因此遇到在顶层找不到底角的特殊情况时，先在底层找到一个没有正确归位的底角，通过整体旋转把它摆到右前方，然后做R U R'，就能把它移动到顶层了，然后回到上面的❷继续把它正确归位就可以了。以“白红绿”角块在底层错误位置为例，上图就是演示如何把它从底层移到顶层。</td></tr>
</table>

大家可能会发现公式**RUR'**就是❺中“第一种白色朝右”的归位公式，因此也可以理解为：把另一个无关的角块移动到下面，占据“白红绿”角块的位置，把它从底层赶到顶层来。

就这样按照六个步骤，把四个底角都正确归位，就完成了这一步“底角归位”。

续表

原理解析

接下来为了更好地理解底角是如何在相应的公式下正确归位的，我来帮大家详细地解析一下这些公式是如何产生的，以及每一步的意义。这其中包含有很多基本思想，对今后学习更高级的方法有很大的帮助。而且可以帮助你自己推导出新公式，甚至能比原公式更短更好用！

首先介绍一个初学者在做这一步时常有的误区。

由于第一步的底棱归位比较自由，很多人不用看教程也能自己试着把四个底棱成功归位。然后到了第二步底角归位，在第一步尝到甜头的人就会把前面自己总结的方法照搬到第二步来。

（1）上述❺中“第一种白色朝右”的情况

可能有人会这么做：

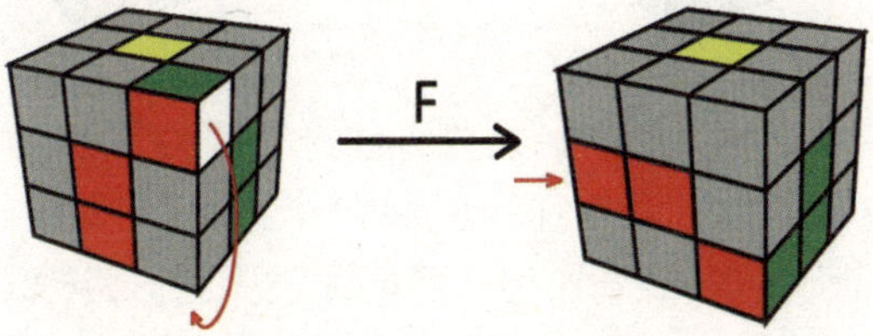

按照底棱归位的技巧，只要把红色一对齐，然后白色下来就好了，于是直接转了个F。一看“白红绿”角块确实归位了，但是红色箭头标注的“红白”底棱却被移动到了中层，就是说底棱被破坏了。这种拆东墙补西墙的做法可不行，前面的成果都给破坏掉了。这就是一个误区，看到了角块要去的位置，直接就扑上去，没想到把已经归位的底棱给破坏了。

我们把当前要归位的角块叫做“目标角块”，把它要去的位置叫做“目标位置”，上述误区的根源，就是认为“目标位置”都是死的，不会乱动，直接把“目标角块”放到“目标位置”就以为算是归位了，这是不正确的理解。其实“目标位置”是根据某一层的已归位的块或相关的块的位置来确定的。如上图中的“目标位置”就在“红白”底棱的右侧，如果你转动F层，“红白”底棱这个

“路标”会移动，那么“目标位置”也会跟着一起移动，因此不管怎么转F层，始终都不能让“目标角块”放进“目标位置”。就像推箱子一样：

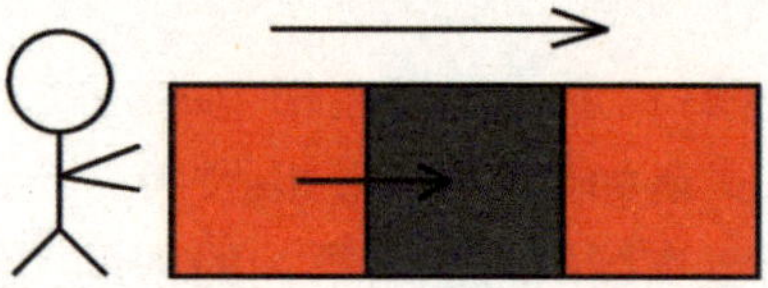

要把左边的红色箱子推到灰色箱子的地方，使两个红色箱子靠在一起，但如果按照箭头的方向推，无论怎么推都不能实现目标，因为灰色箱子和右边的红色箱子一起移动了。

下图中深灰色标示的地方就是“目标位置”，可以清楚地看到转了F后，“目标位置”也跟着移动了。

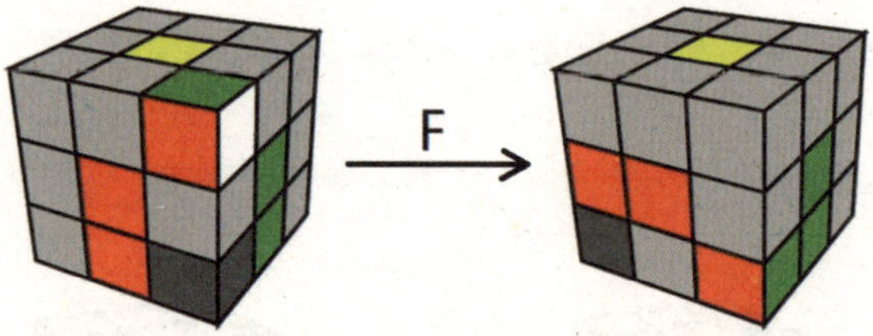

想要让“目标位置”不乱跑，就得想办法让它摆脱“红白”底棱的“束缚”。由于这个“束缚”有方向性，只存在于F层的方向，因此如果让“目标位置”在其他没有相关块的层移动，就能成功实现“目标角块”对“目标位置”的替换了。

还是以推箱子为例：

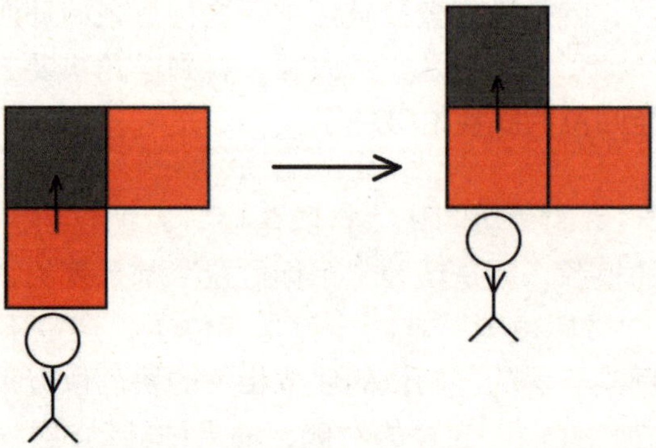

如果改变一下移动方向，把左边的红色箱子放到下面来往上推，就能轻而易举地挤掉灰色箱子，让两个红色箱子靠在一起。

然后我们再来看看第一种情况是如何利用推箱子的原理，在公式R U R'的作用下让“白红绿”角块正确归位的。

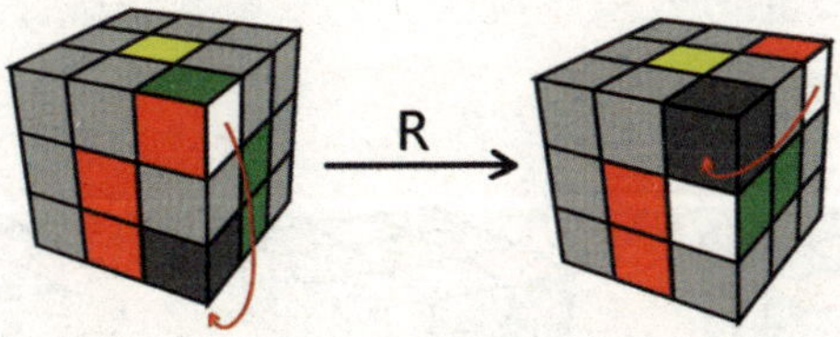

首先是第一步R，就是让“目标位置”移动到顶层，如此一来红色箭头表示的移动路径就脱离了F层，来到顶层。深灰色标示的“目标位置”就不会受束缚，在顶层就能轻松地实现替换。

如上图，通过第二步U实现了“目标角块”对“目标位置”的替换，最后要转R'重新让实现替换的“目标角块”原路返回底层。

整个过程就可以描述为：

❶ 把“目标位置”移动到另一个没有束缚的层。

❷ 转动这一层完成“目标角块”对“目标位置”的替换。

❸ 把“目标角块”返回到“目标位置”原来的位置。

（2）上述❺中“第二种白色朝前”的情况

虽然也可以按照第一种情况的处理方法，用R U R’来替换，但是因为白色朝向和第一种情况不同，所以虽然位置正确了，方向却不对，如下图。

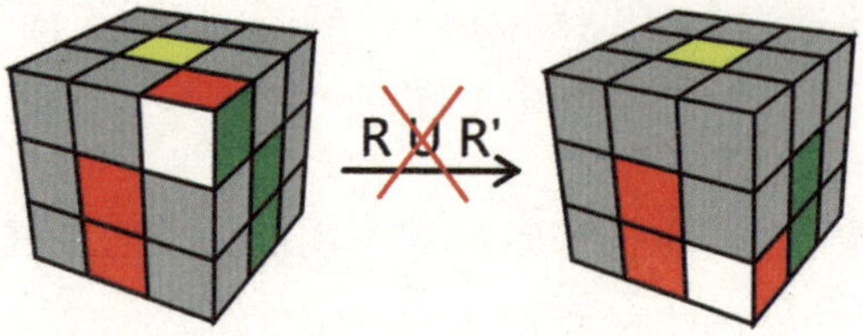

因此需要寻找另一种方式来替换。我们来看看正确公式U R U' R"是如何来替换角块的。

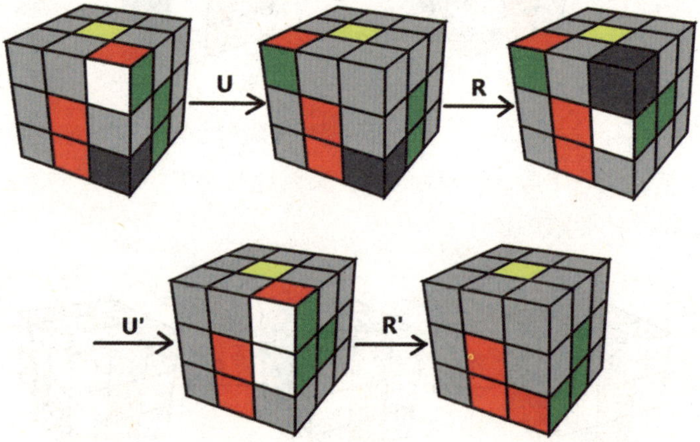

第一步U，先让“白红绿”角块靠边，使得右边R层可以自由转动。然后第二步R，其作用就是把“目标位置”移动到顶层。第三步U'，就是用“目标角块”替换“目标位置”；第四步R'，返回原位置。

对比一下这两种情况的处理方法，会发现第三种情况中公式U R U' R'的后三步R U' R'和第一种情况公式R U R'的原理是一样的，但为什么要先多一个U呢？怎么判断是否要先转U使角块靠边，然后再三步归位呢？

答案就在做公式过程中被移动上来的“绿白”棱块上，它的作用相当于把 “白红绿”角块“接回”正确位置。当“绿白”棱块被移动到中层时，其白色是在左边（棱块的左半部分），那么当“白红绿”角块和“绿白”棱块相连时，角块的白色也应该是在左边。第一种情况的角块白色是在右边（角块侧面的右半部分），第一步R的作用不仅仅是“目标位置”移动到顶层，而且还改变了“白红绿”角块的白色朝向，使其变成白色在左边（角块侧面的左半部分）。因此才可以接着转U来和“绿白”棱块相连。第二种情况的角块白色本来就是在左边，因此第一步要先转U靠边，不改变其白色朝向，然后用

R U' R'来归位。

既然“绿白”棱块可以出来接“白红绿”角块，那么根据对称性，“红白”棱块也可以出来接。于是就衍伸出了下面两个公式（下图为左前视角）：

注 意

“白红绿”角块此时是在顶层的左前方，目标位置也换到了底层的左前方。这是两个用左手做的公式，分别对应于第一种情况和第二种情况。也就是说R U R'和U' L' U L是同一种情况的不同公式，U R U' R'和L' U' L也是同一种情况的不同公式，只是它们的初始摆放位置不同。

（3）由第一种情况的解析注意到目标角块在顶层右前方的时候，转**R**可以改变其白色朝向。这个性质也可以用来处理公式最长的❺“第三种白色朝上”的情况。

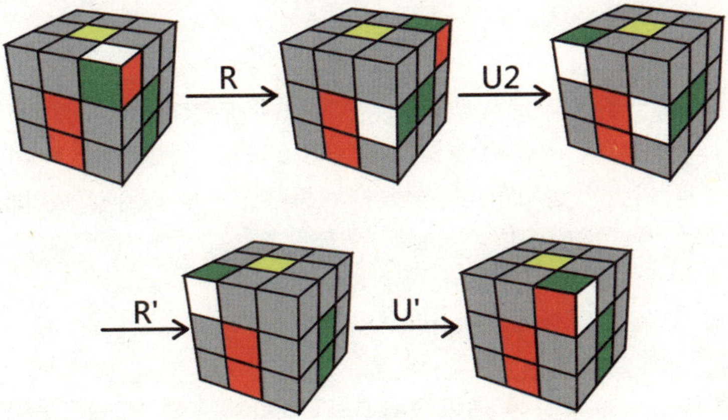

上图可以看到第三种情况先转一个**R**，可以使“白红绿”角块的白色变成在右边（角块侧面的右半部分），此时转一个**U2**，让它靠边，脱离**R**层转动的影响。然后转**R'**让“绿白”棱块回到原位。接着转**U'**将角块移到顶层的右前方。此时就转化成了第一种情况，做**R U R'**后即可归位。总的公式就变成：

R U2 R' U' R U R'

比原来的11步公式短得多！

总结一下几个新公式，大家可以按照自己的习惯喜好（如左撇子）来选择用原来的公式或是新公式。

白色朝右（左前视角）	白色朝前（左前视角）	白色朝上（右前视角）

U' L' U L	L' U' L	R U2 R' U' R U R'

第三步：中棱归位

（扫描二维码即可观看视频）

完成了前两步后，三阶魔方的第一层（底层）就已经复原了，接下来就是复原第二层（中层）。因为中层只有中心块和棱块，没有角块，所以只需把四个中棱正确归位就能复原整个中层。

中棱即正确位置在中层的棱块，它们的特征是不带有底面和顶面颜色，也就是没有白色和黄色。中棱只有“红绿”、“绿橙”、“橙蓝”和“蓝红”四个。在归位的时候，也是和底角归位一样的思路，“从上到下”，即从顶层移动到中层的正确位置，完成归位。

和第二步底角归位类似，有下面几个步骤：

❶ 在顶层找到一个中棱（如果在顶层找不到任何一个中棱，请跳转到“❺特殊情况处理”）。	❷ 通过转动顶层，把这个中棱的侧面颜色和对应的侧面中心对齐。	❸ 通过整体转动，把对齐的侧面摆到右边（使其朝右）。

续表

<table>
<tr><td></td><td></td><td></td></tr>
<tr><td colspan="3">❹ 观察这个中棱的正确位置是在中层的前面还是后面，分两种情况处理。</td></tr>
<tr><td colspan="3">第一种情况：调整到前面</td></tr>
<tr><td></td><td>公式：

R' U' R' U' R' U R U R</td><td>为了方便记忆，可以记成“五逆四顺”，即交替转动R和U，前五下是逆时针转动，后四下是顺时针转动。</td></tr>
<tr><td colspan="3">第二种情况：调整到后面</td></tr>
<tr><td></td><td>公式：

R U R U R U' R' U' R'</td><td>为了方便记忆，可以记成“五顺四逆”，即交替转动R和U，前五下是顺时针转动，后四下是逆时针转动。</td></tr>
<tr><td colspan="3">上面两种情况的公式由于比较长，又很相似，初学者容易搞混，不知道什么时候顺时针，什么时候逆时针。因此我给大家一个技巧：第一步按照中棱的去向做R或R'。也就是说如果中棱是要调整到前面，那么就把R层往前转，自然就做成了R'；如果中棱是要调整到后面，那么就把R层往后转，自然就做成了R。一旦第一步会做了，根据“五逆四顺”或“五顺四逆”，前五步方向都是相同的，到了后四步就换个方向，因此后面的步骤也就很清楚了。</td></tr>
<tr><td colspan="3">❺ 特殊情况处理：如果四个中棱没有全部正确归位，而顶层又找不到任何一个中棱，此时肯定有某个中棱是在中层的错误位置，或是位置正确但方向不正确。</td></tr>
<tr><td>下图是“红绿”棱块在中层的错误位置。</td><td colspan="2">下图是“红绿”棱块在正确的位置但方向不对（反了）。</td></tr>
</table>

续表

<table>
<tr><td></td><td></td></tr>
<tr><td colspan="2">遇到这种特殊情况，就和底角的特殊情况一样，先要想办法把它移动到顶层来。方法是先把它摆到右前方，做“五逆四顺”的公式，也就是R' U' R' U' R' U R U R。这样“红绿”棱块就从中层移动到了顶层，然后按照上述步骤正确归位即可。其原理也是和底角特殊情况的处理原理一样：做一次归位公式，把无关的块移下来，占据“红绿”棱块的位置，把它赶到顶层。</td></tr>
</table>

按照上述5个步骤，把四个中棱全都正确归位，就完成了“中棱归位”，此时三阶魔方的前两层就已经复原了！

原理解析

中棱归位的两个公式看着很长，其实它们也包含着一定的原理，甚至可以自己推导出这两个公式！

以中棱归位中❹的“第一种情况：调整到前面”为例（假设其他三个中棱都已经复原，如下图左所示）。

深灰色标示的地方标示“目标位置”，也就是“红绿”棱要去的位置。但是由于“白红绿”底角已经归位，和“目标位置”靠在一起。因此如果像底棱归位的处理方法一样，先用R把“目标位置”移动到顶层，“白红绿”底角会跟着来到顶层，这样就不能只用U实现替换了（因为顶层相关的块多出了一个“白红绿”角块，转U会影响它的位置）。因此我们要另辟蹊径，可以不把“目标位置”移动到顶层，而是直接在R层就实现替换。

如上图右所示，我们发现R层的其他相关块有四个，分别标注为“1号角块”、“1号棱块”、“2号角块”和“2号棱块”。只要把它们移走，使得R层只剩下“红绿”中棱和“目标位置”，这样“目标位置”在R层就不受任何束缚了，可以简单地用R来实现替换。但是别看有这么多块要移走，其实只需要简单的四步：

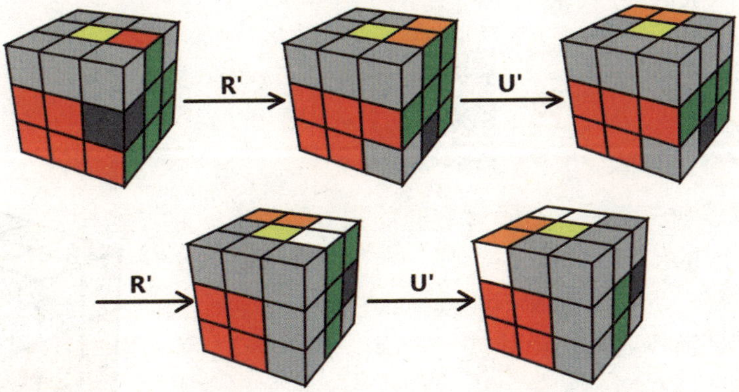

在做了R' U' R' U'四步后，四个块都被移开了，R层只剩两个相关的块，此时就可以直接用R'让“红绿”中棱替换掉“目标位置”。

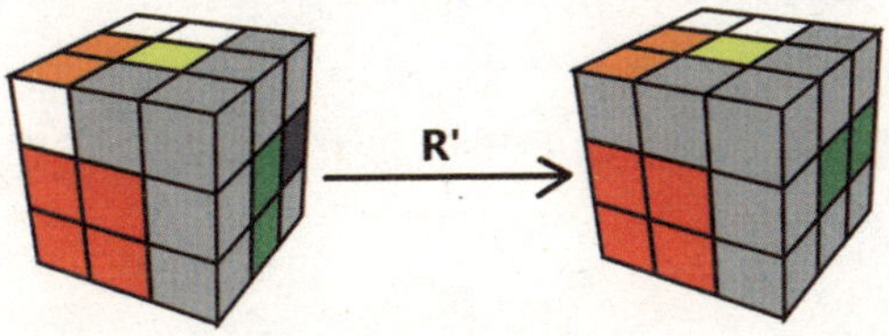

接下来就是让移开的四个块按照原路返回就可以了，也就是U R U R。

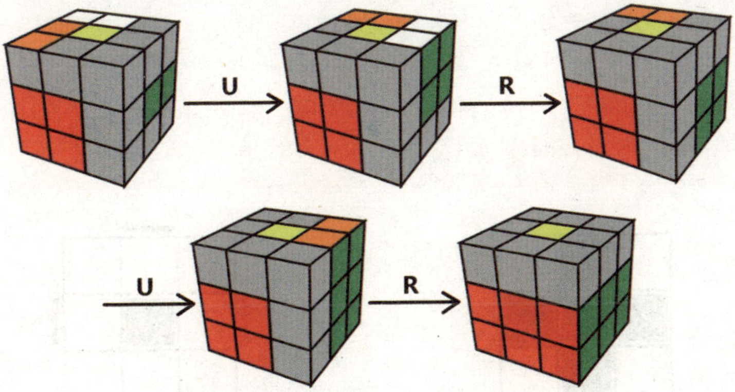

因此，这个公式也可以写成：（R' U' R' U'）R'（U R U R）

前后两个括号中的步骤是“移开”和“返回”，中间的R'是“替换”，这样这个公式的原理就很清楚了。同理，另一种情况的公式为：

R U R U R U' R' U' R'

第四步：顶棱翻色

（扫描二维码即可观看视频）

在完成了前三步后，三阶魔方的前两层就复原了。接下来第三层的复原是最难的部分，我们将其分成四个步骤，这样每一步的情况就不会太多，掌握起来也比较简单。首先是顶棱翻色。顶棱就是正确位置处于顶层的棱块，特征是带有顶层颜色，也就是黄色。而翻色就是把四个顶棱的黄色全都翻到顶面来，在顶面形成一个“黄色十字”。因此这一步也被称为“做顶十字”。

由于前两层已经复原，可移动的范围被限制得很小，因此“顶十字”的要求很简单，只需在顶面形成一个黄色十字即可，而不像“底十字”那样需要注意侧面颜色和侧面中心的对齐。此时四个顶棱并未归位，只是统一把黄色翻上来，为后面的调整位置提供方便。

为了更清楚地展示，我们将顶面的颜色状态以正面展示出来（只看棱块和中心块，不看角块）。下图（左）就是“顶十字”的完成状态。黑色表示顶层颜色已经翻上来的棱块。

下图（右）中顶棱外的黑色线段，表示未完成翻色的顶棱，即顶层颜色（黄色）在它们的侧面。棱块的顶层颜色在顶面被称为“色向正确”，棱块的顶层颜色在侧面被称为“色向错误”。

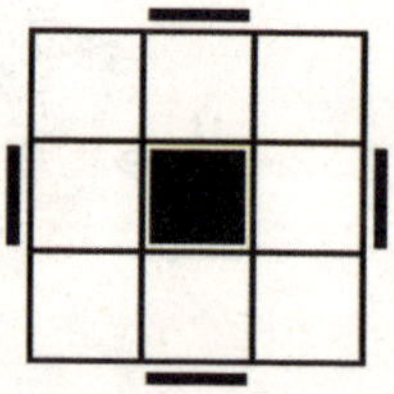

只看顶棱色向正误的话（不看角块），顶面共有3种状态（不包括“顶十字”完成的状态）：“点”、“线”、“拐”。

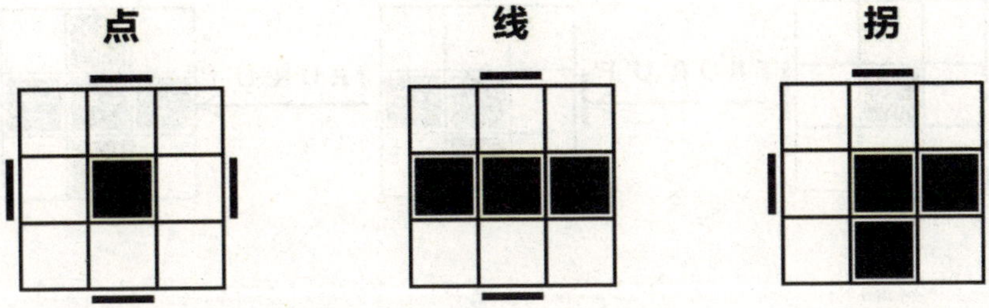

“点”就是所有顶棱的色向都是错误的。

“线”就是有两个位置相对的顶棱色向是正确的，其他两个色向是错误的。

“拐”就是有两个位置相邻的顶棱色向是正确的，其他两个色向是错误的。

分别有两个公式可以让“线”和“拐”直接完成顶十字。

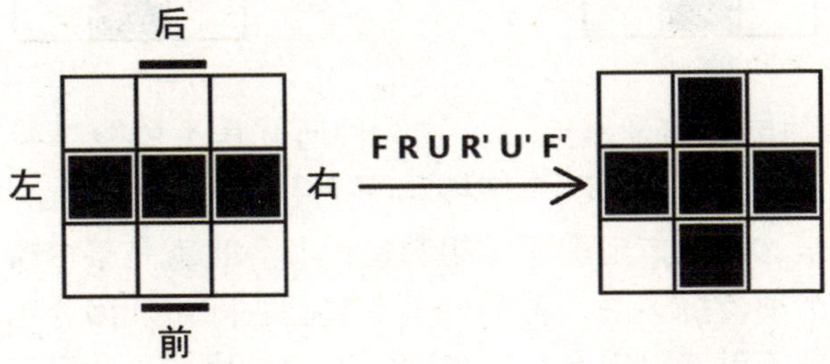

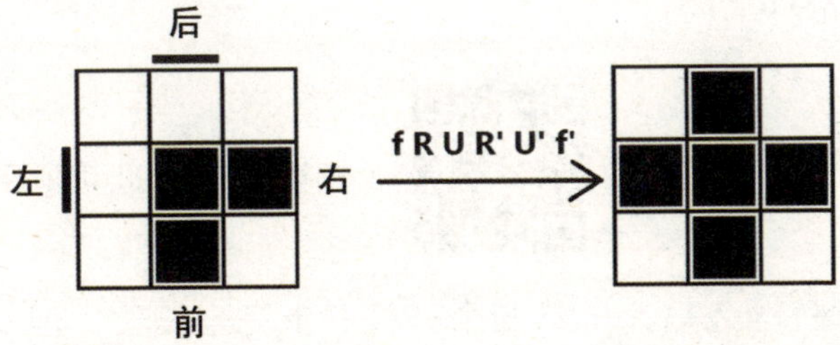

注意

F是单层转，f是双层转。同时要注意“线”和“拐”的初始摆放位置：“线”要横着摆，“拐”要放在右前方。

“点”需要先用“线”的公式转换成 “拐”，然后用“拐”的公式完成顶十字。

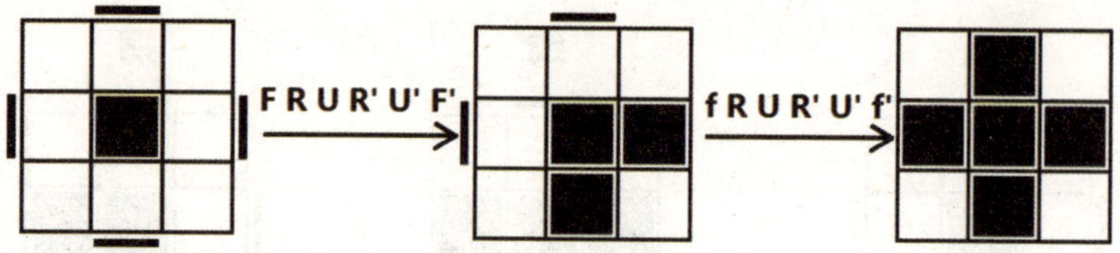

因此顶棱翻色只需要两个公式，且这两个公式只有首尾两步不同，一个是单层转，一个是双层转。而中间则是我们很熟悉的一个公式：R U R' U'。

可能有人会质疑，除了这三种情况，不是应该还有两种吗？也就是只有一个顶棱是色向正确的和有三个顶棱色向是正确的，如下图所示。

但是只要前两层确实是复原了，这两种情况是不可能出现的。如果出现这两种顶棱分布，请先检查一下四个底棱和四个中棱的归位情况，如果它们都正确归位了，那么就是这个魔方出现了“组装错误”，也就是某个棱块被装反了。此时只要把其中一个顶棱拆下来，再翻转一下装回去即可。因为**色向错误的棱块只能是成对地出现**，不可能出现奇数个色向错误的棱块。具体原理就不解释了，只要记住这个性质就行了。

第五步：顶角翻色

（扫描二维码即可观看视频）

在做完了顶棱翻色后，虽然四个顶棱并未完全归位，但我们要先把它们放一边，来把顶层的四个角块也完成翻色。做完这一步后，顶面将会全部变成黄色。

如果只看黄色朝向的话，四个顶层角块共有7种情况。但是不要怕，其中两个是作为基本情况，有相应的两个公式。其他5种情况都可以用这两个公式的组合来解决。因此和第四步顶棱翻色一样，只需两个公式就能完成这一步。

首先就来介绍两种基本情况：

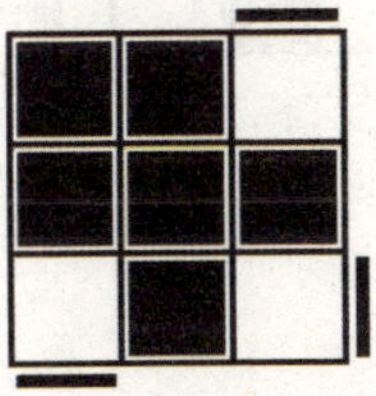

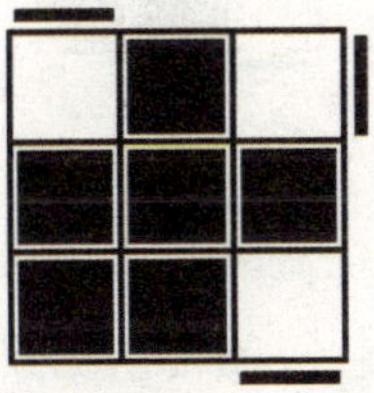

这两种基本情况的特征是有三个角块未完成翻色，只有一个角块是黄色在顶面的。由于在顶面形成的图形有点像鱼，如右图所示，因此这两种情况也被称作“小鱼”。左图记为“小鱼1”，右图记为“小鱼2”。

这两种情况的公式是：

小鱼1	小鱼2
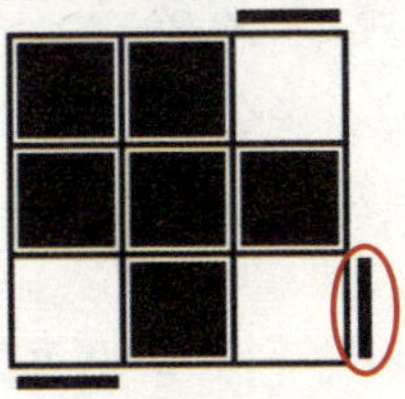 R' U' R U' R' U2 R	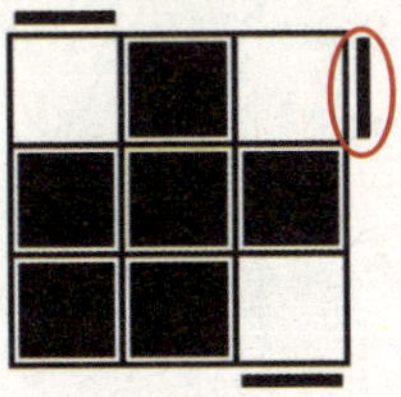 R U R' U R U2 R'

由于这两种情况很像，因此在分辨的时候要注意。有个小技巧，就是注意看**鱼尾巴的那个角块**，通过转动顶层，把这个角块的**黄色朝向右边**。此时如果这个角块在**右前方**，那么就是“**小鱼1**”，公式是R'开头的那个；如果这个角块在**右后方**，那么就是“**小鱼2**”，公式是R开头的那个。因此在遇到这两种情况时，首先要做的就是找到“鱼尾巴”，然后把这个角块的黄色朝右，最后根据“在前”或“在后”来判断是“小鱼1”或“小鱼2”。

接下来就是剩下的5种情况。

三种是“两个角块未完成翻色”	两种是“四个角块未完成翻色”
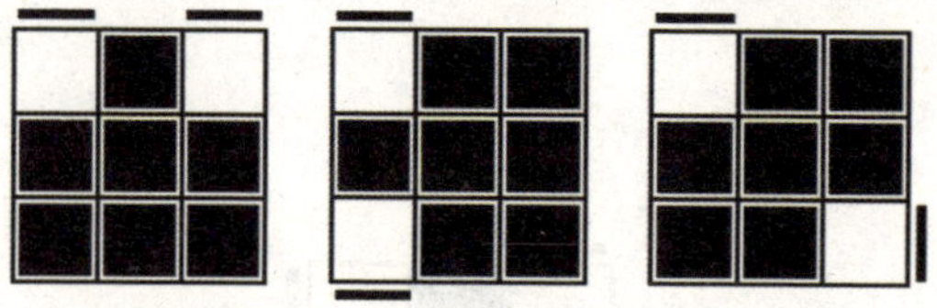	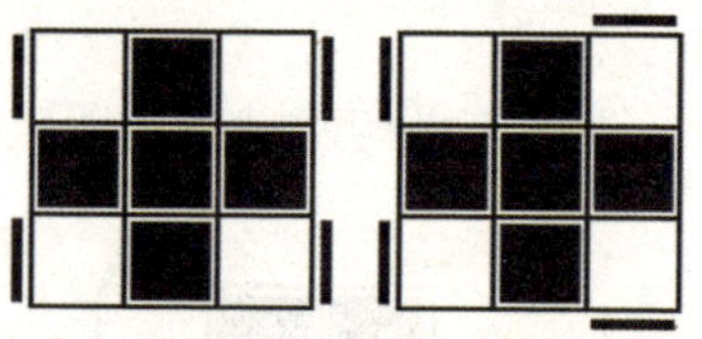

这5种情况都可以用“小鱼1”的公式来转化成小鱼情况。但是它们的**初始摆放位置**是有讲究的。注意看每种情况左后方的角块的黄色朝向：如果是“**两个**角块未完成翻色”的情况，那么这个角块的黄色要**朝后**；如果是“**四个**角块未完成翻色”的情况，那么这个角块的黄色要**朝左**。

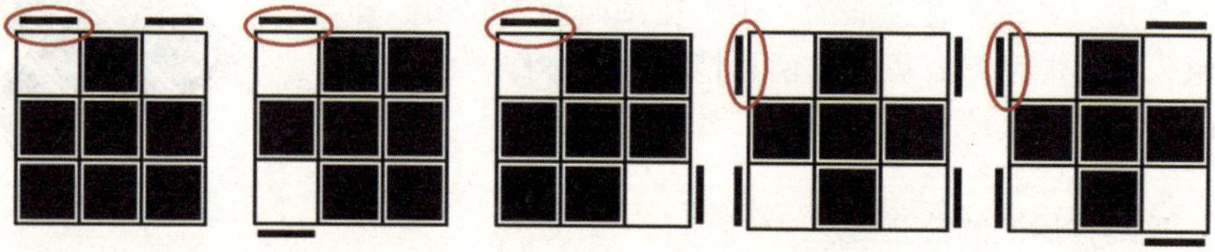

这个条件可以总结为“**二后四左**”，是一个魔方玩家总结出来的，非常好用。满足这个条件后，就可以直接做“小鱼1”的公式R' U' R U' R' U2 R，做完后就会发现是两种小鱼情况之一，然后继续用对应的小鱼公式解决就行了。如果不满足这个条件，那么就通过转动顶层来达到这个条件。

总结一下这五种情况（“小鱼1”和“小鱼2”表示这两种情况对应的公式）：

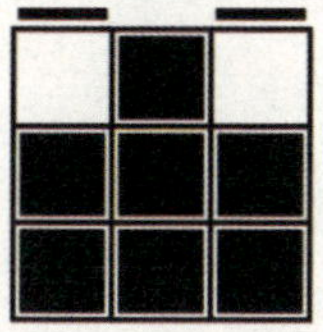	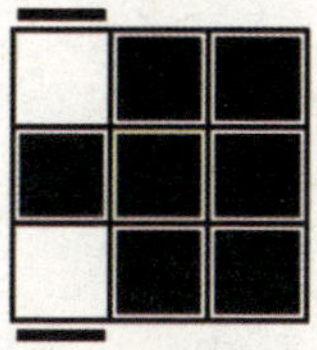	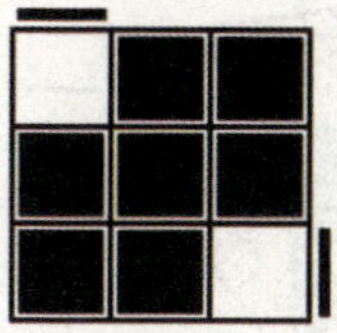	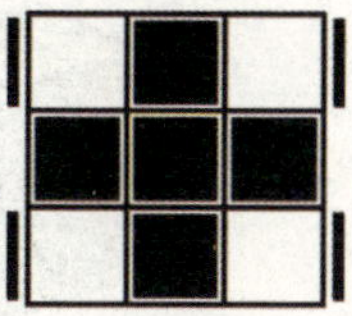	
小鱼1＋小鱼2	小鱼1＋U2＋小鱼2	小鱼1＋U'＋小鱼2	小鱼1＋小鱼1	小鱼1＋U＋小鱼1

上面表格中的公式不用死记硬背，只是提供参考。实际操作时只需记住“二后四左”的摆放条件，然后做小鱼1，接下来自然就会知道怎么做。

如果你发现顶层角块的情况不是上述7种里的任何一种，那么请先检查一下底层角块是否已经全部正确归位。如果底层四个角块都已经正确归位，那么就是你的魔方装错了，需要扭转某个角块，使顶层角块的情况变成上述7种情况之一，才能继续做下去。顶层四个角块的黄色朝向也是遵循一定规则的。假如把“需要顺时针扭转才能完成翻色”的角块状态记作“+1”，“需要逆时针扭转才能完成翻色”的角块状态记作“-1”，“已经完成翻色”的角块状态记作“0”。那么顶层所有四个角块状态全部加起来应该等于0或±3。通俗地讲，就是说顶层所有角块的状态必定是互相“抵消”的。而抵消的方式有两种，一种是“一顺一逆”抵消，另一种是“三顺”或“三逆”抵消。例如有一个角块是“顺时针扭转”，那么就有另一个“逆时针扭转”的角块来和它抵消，或者有另两个“顺时针扭转”的角块来和它抵消。

第六步：顶角归位

（扫描二维码即可观看视频）

在完成第五步顶角翻色后，顶面已经是一片“黄灿灿”了，只剩下调整角块和棱块的位置。接着第五步继续处理顶层角块，这一步是调整它们的相对位置，一鼓作气把四个顶层角块全部归位！效果如右图所示。

因为有了前面翻色的功劳，这一步调整位置只需一个公式就能完成！

首先要在顶层侧面找到一双“眼睛”，什么是“眼睛”呢？如下图所示。

只看顶层角块的侧面颜色，从上图中会发现“右前方”和“右后方”两个角块在右侧面的颜色都是红色，也就是说顶层右侧面的三个格子中，处于两端的格子颜色相同。单看这一侧面，就像一双“眼睛”在注视一样。因此把这两个**颜色相同**又**处于两端**的格子称为“眼睛”。如果三个格子颜色都相同，也属于“眼睛”。也就是说判断是否是“眼睛”，只需要看两端是否同色即可，与中间的颜色无关。

在找到“眼睛”后，通过转动顶层，把它移动到前面，也就是让它“看着”我们。

	公式： x' R U' R D2 R' U R D2 R' 2 x	不一定要让“眼睛”的颜色和下面两层对齐，只需让“眼睛”朝着自己就行了。

如果不熟悉x的做法，可以先把整个魔方朝自己翻滚90度，**使顶面朝向自己**，此时的“眼睛”是在下面。然后做R U' R D2 R' U R D2 R'2，做完后重新把顶面朝上即可。

做完公式再转动顶层微调，把四个顶层角块的侧面颜色和下面两层颜色对齐即可。

这个公式比较长，为了方便记忆，可以把它进行分段：

x' (R U' R) D2 (R' U R) D2 R'2 x

括号括起来的两段：(R U' R)和 (R' U R)，它们是这个公式的主体，只要在它们的后面各加上一个D2，再在最后加上一个R'2，就能轻易把这个公式背下来了。不过不要忘了两端的整体转动哦，这个也不用死记，只要在**做这个公式前注意把顶面朝自己，同时“眼睛”在下面**就行了。

特殊情况处理

如果四个侧面都找不到“眼睛”，那么直接先做一遍这个公式x' R U' R D2 R' U R D2 R'2 x，再去找，就肯定能找到“眼睛”了。

如果四个侧面全是“眼睛”，那么恭喜你，这一步被幸运地“跳过”了，已经自动完成了，直接去看第七步吧！

第七步：顶棱归位

（扫描二维码即可观看视频）

终于到最后一步啦，只需把顶层棱块的位置调整正确，整个魔方就复原了！完成这一步需要两个公式的组合，前面学了这么多公式的你是不是很累啊，告诉你一个好消息，这两个公式其实是前面学过的！也就是“小鱼1”和“小鱼2”公式。用学过的公式来完成新步骤，很爽吧！

同样，首先要找一个东西作为标志，这次是“嘴巴”。有了前面“眼睛”的介绍，“嘴巴”的介绍就很简单了：某个顶层侧面的三个格子的颜色全都相同。

如下图（左），顶层右侧面的三个格子都是红色，形成一条边，有点像一张血盆大口，因此把这条颜色一致的边称为“嘴巴”。

和“眼睛”一样，在找到“嘴巴”后，通过转动顶层，把它移动到前面，面朝自己，如下图（右）所示。

然后做“小鱼1”的公式：R' U' R U' R' U2 R。做完后你会发现顶层角块是“小鱼2”的情况，转U后继续做“小鱼2”的公式：R U R' U R U2 R'即可。

连贯起来就是（R' U' R U' R' U2 R）U（R U R' U R U2 R'）。

做完后再转动顶层微调一下，把各个颜色和下面两层颜色对齐，魔方就复原了！**但同时也有可能出现魔方仍没有复原的情况**，此时再做一次上面的公式即可（注意做公式之前要把“嘴巴”朝自己）。也就是说找到“嘴巴”后，最多需要做两次公式，就能复原魔方。

特殊情况处理

如果找不到“嘴巴”，直接先做公式（R' U' R U' R' U2 R）U（R U R' U R U2 R'），再去找，就肯定能找到“嘴巴”了。

如果有两张“嘴巴”，那么请先检查一下前两层的棱块是否已经全部正确归位，如果确认已经全部归位，那么就是你的魔方装错了，拆下顶层任意两个棱块互相交换位置即可。

如果四面全是“嘴巴”，那么不用我说，你也知道魔方已经复原了，或者还差一步就复原了。

完整实例视频请扫二维码观看。

05 层先法提高篇

这一节主要是针对“底棱归位”、“顶角翻色”和“顶棱归位”这三个步骤，介绍一些新技巧和新公式，让已经学会并熟悉层先法的初学者，进一步提高自己的水平，也为后面的高级还原法打下基础。

底棱归位

前面介绍的“底棱归位”方法是全都转化成“底棱在顶层”的情况，然后再分两种情况正确归位。这样做的好处是掌握起来很快，但是步骤略烦琐，想要提速的话就要学习新的技巧了。接下来介绍如何利用D层的转动，**直接从中层的任意位置把底棱正确归位**。

首先来看个例子（下图是从下往上看的右前视角）。

有三个底棱已经归位，只剩一个“红白”棱在中层，深灰色标示的是它要去的“目标位置”。之前我们的归位思路都是让“目标棱块”主动移动到“目标位置”。现在我们要换一种思路，让“目标位置”来“接”“目标棱块”。

如上图所示，首先转一个D，让“目标位置”移动到底层的右边，然后就可以用R'把“红白”棱移动到“目标位置”，最后转D'回到原位。

“目标位置”如果在其他地方也是一样的道理，都是通过转动D层把它移动到“目标棱块”侧面颜色所在的层，完成替换后回到原位。

另外，上面的例子中中层底棱的白色是朝前的，因此用R'可以完成替换，如果中层底棱的白色朝右，那么就要用F来完成对“目标位置”的替换了。

上面是一个白色朝右，“目标位置”在底层后方的例子，我们来看这种情况是怎么归位的。

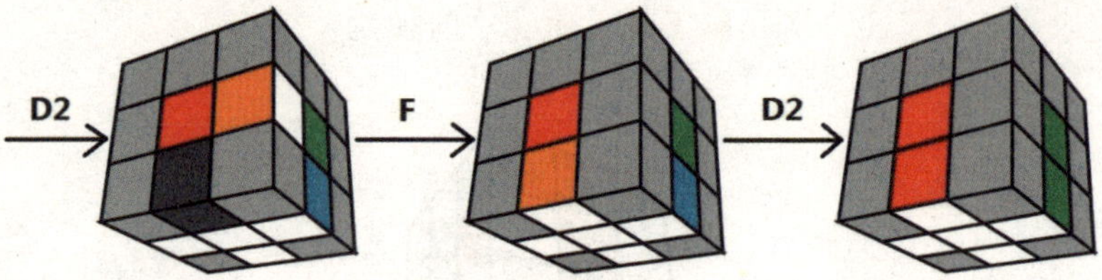

同样，先转D2把“目标位置”移动到“橙白”棱的橙色所在的面——F面，然后转F完成替换，最后转D2回到原位。

原理其实都是一样的。总结起来就是，如果“目标棱块”在中层的某个位置，那么分三步：

❶ 通过转动D层把“目标位置”移动到“目标棱块”的侧面颜色（非白色）所在的面。上面第一个例子中就是R面，第二个例子中就是F面。

❷ 把“目标棱块”的白色放到底面来，也就是替换掉“目标位置”。

❸ 通过转动D层让底棱回到正确的位置。

因此，任何一个在中层的底棱都可以用三步归位，而不用再移动到顶层了。

而底棱在底层的情况，则可以先通过转动它所在面的层，把它移动到中层，然后三步归位，也就是说需要四步。如下图两种底棱在底层的情况：

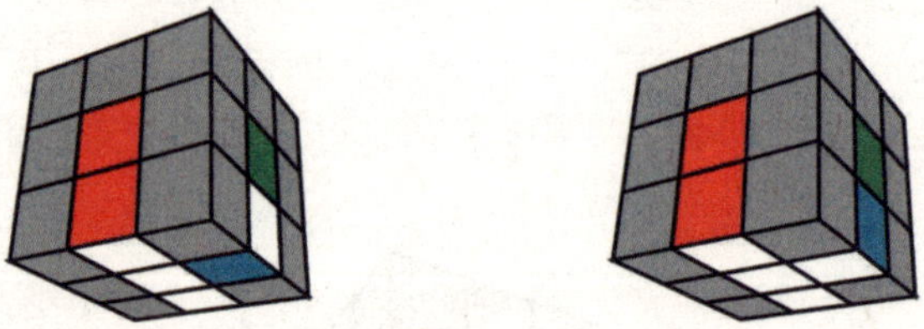

我们要将“蓝白”棱归位，那么左图就是先转R，变成在中层的情况，然后做D F D'就能归位了，合起来就是R D F D'；右图同理，先转R，然后做D2 R' D2就能归位了，合起来就是R D2 R' D2。

顶角翻色

前面介绍了“顶角翻色”共有7种情况，其中两种是作为基本情况，也就是小鱼，其他5种情况可以用两个小鱼公式的组合来解决。现在我把这5种情况更短更顺手的公式提供给大家进行学习，以后遇到它们就可以很快解决了。公式中的括号是为了方便记忆进行的分段。

两角翻	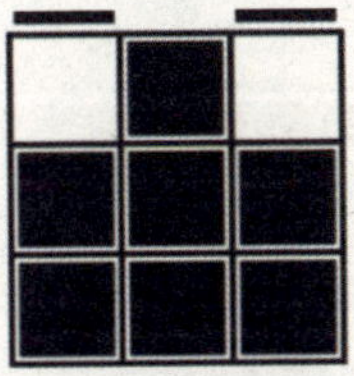	(R' 2 D') (R U2 R' D) (R U2 R)
	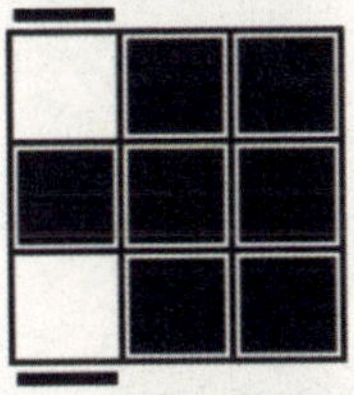	(r U R' U') (r' F R F')
	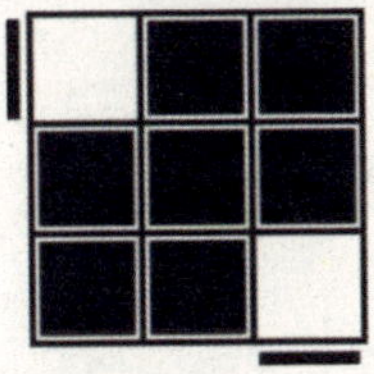	F' (r U R' U') (r' F R)

四角翻	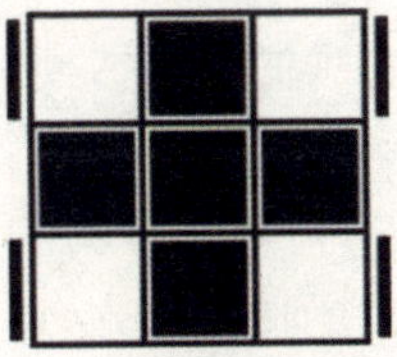	(R' U') (R U' R' U) (R U' R' U2 R)
	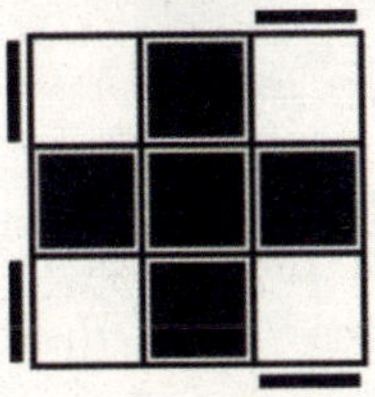	(R U'2) (R'2 U' R2 U') (R'2 U'2 R)

顶棱归位

前面介绍的“顶棱归位”是用两个小鱼公式的组合来解决的，这对于初学者来说很适合，记忆公式的负担较少。但是对层先法已经熟悉的玩家来说，要做两个公式，而且有时还要做两遍，遇到特殊情况还得做三遍，这就显得太烦琐而有点浪费时间了。因此我提供顶层棱换的四种情况分别对应的公式。以后到最后一步“顶棱归位”就能一个公式解决了！

下图是四种情况的图示以及对应的公式。**图中的箭头**表示需要交换位置的几个棱块，外围的**蓝色线段**表示每个侧面颜色相同的角块或棱块，类似“顶角归位”和“顶棱归位”中介绍过的“眼睛”和“嘴巴”。**公式中的括号**是为了方便记忆进行的分段。

三棱换	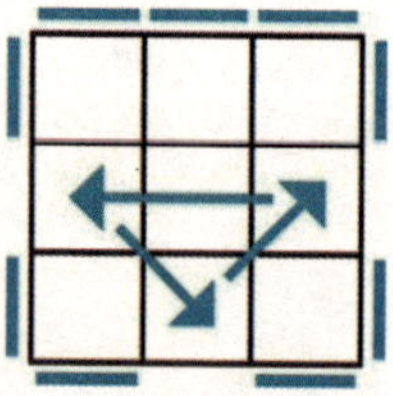	逆时针三棱换： (R U' R U R U) (R U' R' U' R2)
	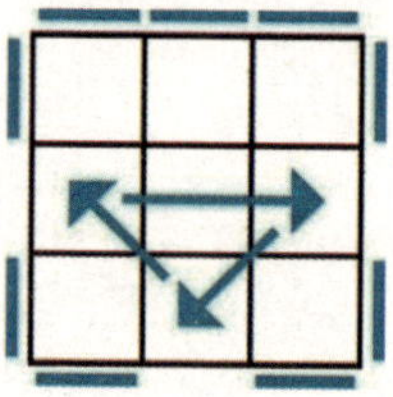	顺时针三棱换： (R2 U R U) (R' U' R' U' R' U R')

四棱换	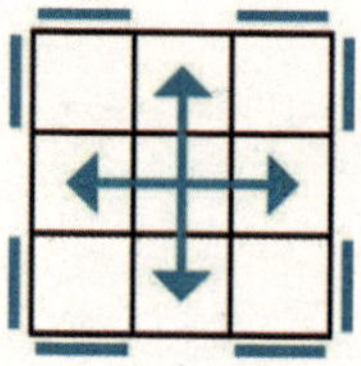	对棱换： (M'2 U M'2) U2 (M'2 U M'2)
	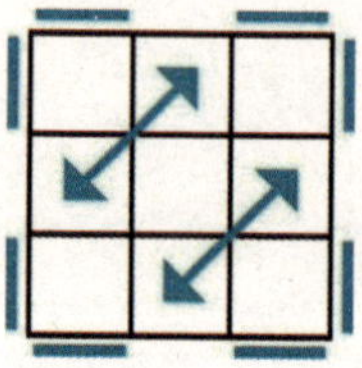	邻棱换： (M'2 U M'2 U) (M' U2 M'2 U2 M' U2)或 (U R' U' R U') (R U R U' R' U) (R U R2 U' R' U)

棱换的观察技巧

在实际观察中，初学者可能会看每个棱块的去向，然后按照箭头来对应某种顶层棱块情况。但其实那样太麻烦了，浪费在判断情况上的时间太多。实际上有一种更加快速判断的方法，就是“**找对色**”。

“对色”就是位置相对的颜色，白和黄、红和橙、蓝和绿就是三对对色。在顶棱位置情况的判断中，要找某一个侧面的三块颜色的中间那块，是否和两边的颜色成对色关系。

如上图所示，右侧面的三块颜色是“绿蓝绿”，中间的蓝色和两边的绿色就是对色关系。而前侧面的三块颜色是“红绿红”，中间的绿色和两边的红色不是对色关系。

（1）如果是**三棱换**，那么把三块同色的一面朝后，也就是把“嘴巴”朝后，然后观察**右侧面**的颜色。如果是对色，那么就是逆时针三棱换；如果不是对色，那么就是顺时针三棱换。

侧面颜色	对应情况	公式
	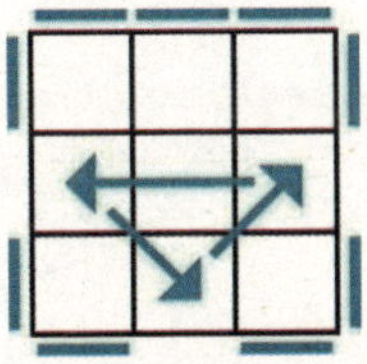	(R U' R U R U) (R U' R' U' R2)
	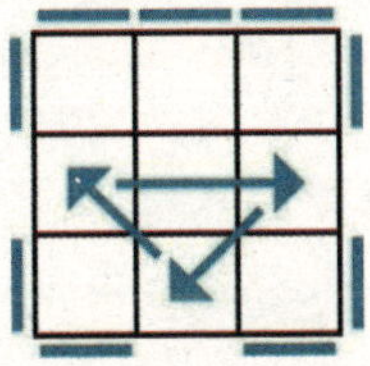	(R2 U R U) (R' U' R' U' R' U R')

续表

（2）如果是**四棱换**，那么直接看侧面有没有对色。如果四个侧面全是对色（实际上看到两个侧面是对色就能确认了），则是对棱换；如果四个侧面全都不是对色，那么就是邻棱换。

侧面颜色	对应情况	公式
	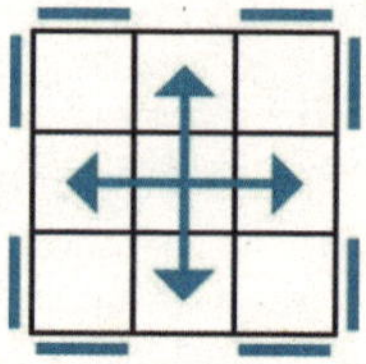	(M'2 U M'2) U2 (M'2 U M'2)
	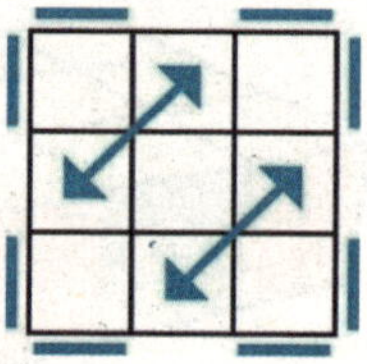	(M'2 U M'2 U) (M' U2 M'2 U2 M' U2)

Chapter 04

三阶魔方高级玩法（CFOP）

01 高级还原法CFOP的介绍

CFOP还原法是由美国人（原捷克人）Jessica Fridrich发明的三阶魔方速解方法，因此也被叫做Fridrich Method。

CFOP是现在魔方界最流行的高级还原法，大部分高手甚至是世界纪录保持者都是使用CFOP还原法，只是他们还用了一些衍伸的技巧，但都是基于CFOP体系。

单纯用CFOP达到十几秒的复原速度并不是难事，任何人都能做得到！因此在学会了用初级方法复原魔方之后，追求速度的魔方玩家们会进一步学习CFOP来提升自己的成绩，你也可以！我建议大家学习CFOP的时机，是在用层先法还原三阶魔方的成绩达到1分钟以内，因为在这个阶段，对还原步骤已经比较熟悉，手法也初具雏形，适合进一步地学习新方法来提高水平。

其实学会了层先法后，CFOP学起来是很快的。因为CFOP正是基于层先法，把几个步骤合并为一个步骤，使转动步数和反应时间都能缩减，达到缩短复原时间的目的。

CFOP四个字母的含义

C：Cross（十字）

F：First 2 Layers（前两层）

O：Orientation of Last Layer（最后一层的色向）

P：Permutation of Last Layer（最后一层的位置调整）

其中第二步First 2 Layers也被简称为F2L，第三步Orientation of Last Layer被简称为OLL，第四步Permutation of Last Layer被简称为PLL。

以下是各个步骤的图示：

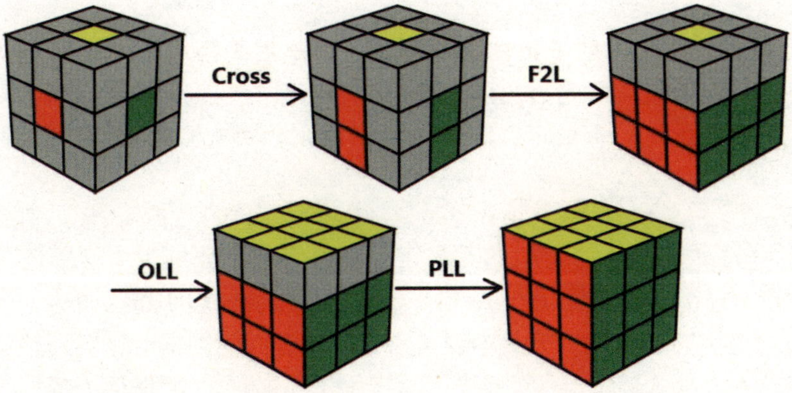

CFOP与层先法比较

第一步Cross与层先相同，就是底层四个底棱的归位。

第二步F2L相当于层先的“底角归位”和“中棱归位”两个步骤合并起来，让一个底角和一个中棱同时归位，需要做四组。

第三步OLL相当于层先的“顶棱翻色”和“顶角翻色”两个步骤合并起来，把四个顶棱和顶角一起完成翻色。

第四步PLL相当于层先的“顶角归位”和“顶棱归位“两个步骤合并起来，把四个完成翻色的顶角和顶棱一起归位。

因此CFOP的复原思路还是和层先法一样，从下到上堆砌，只是把层先法的七个步骤两两合并，减少了三个步骤，共有四步。减少步骤带来的结果也是具有两面性的，一方面减少了复原转动步数和步骤间的观察反应时间，另一方面导致公式量大大增加。F2L有41个公式，OLL有57个公式，PLL有21个公式，加起来共119个公式！

如何更有效地记忆公式

虽然有很多公式，但是你们也不要害怕，这一百多个公式并不是要像背书一样一口气背完，也不是像背英语单词那样枯燥乏味。这些公式只是一连串的转动步骤，说白了就是连续动作。

因此背公式不是用脑子记住字母符号，而是用手指用肌肉记住转动手法。这种记忆方法也叫做“肌肉记忆”，不要小看自己的“肌肉记忆”能力哦，它能更快速更牢固地记住一个长序列，甚至可以不经过大脑思考，达到“条件反射”的程度。

很多魔方高手有时会出现公式做到一半被中断，结果无法继续做下去，或者他能在魔方上熟练地做出某个长公式，但却不能快速用字母写下这个公式。这就是“肌肉记忆”的效果。因此不要认为自己背东西能力很差，英语单词都背不好，面对这么多公式就放弃了。只要运用正确的记忆方法，任何人都能轻松掌握这119个公式！

关于具体怎么运用“肌肉记忆”，我简要地说明一下。

首先你要有一套自己的转动手法，然后将一个长公式分成几段，每一段都是固定的连续转动手法，只要反复做，把这些转动手法用手指和肌肉“记住”，你就将这个公式背下来了。但是面对一个长公式该如何分段呢，在后面的教程中我会将每个长公式都用括号进行分段，作为大家分段记忆的参考。大家也可以根据自己的手法特点改变分段方式，找到最适合自己的分段记忆方式。

F2L、OLL、PLL公式的学习顺序

首先你得把CFOP四个步骤的思路浏览一遍，公式可以先放到一边不背。

然后可以**最先开始背的是PLL**。因为PLL的公式最少，只有21个，而且它的提速效果也很不错，层先的最后两步只用一个公式就能解决。

在背完PLL之后，**接下来要背的就是 F2L公式**了，F2L是CFOP的精髓部分，所占比重最大，灵活性和可变性可最大，因此是提速的关键。完全掌握F2L之后，你的复原速度就有了质的飞跃！

最后背的是OLL，这部分公式最多，完全掌握需要花一定的时间。OLL也可

以分阶段背。首先可以先将顶层十字完成的那7种情况的公式背下来，省掉做两个小鱼公式的时间，然后将“点”，“线”和“拐”的公式分三类背下来，其中“点”的公式可以放在最后背，因为这些公式最长最复杂。

02 完成底面十字（Cross）

虽然第一步和层先法一样，是做底十字，也就是底棱归位，但是前面介绍的做十字方法只是冰山一角，十字是整个复原过程中灵活性最高的一个步骤。一个好的十字做法，可以将步数减到7步左右，而且不光步数少了就行，还要考虑顺手程度。总的目的就是缩短做十字的时间。因此接下来详细地介绍有关做十字的各种技巧。

相对位置

在上一章的层先提高篇中，介绍了如何利用D层的转动，直接将在中层的底棱正确归位。而在这一过程中，不知大家有没有注意到最后两步：

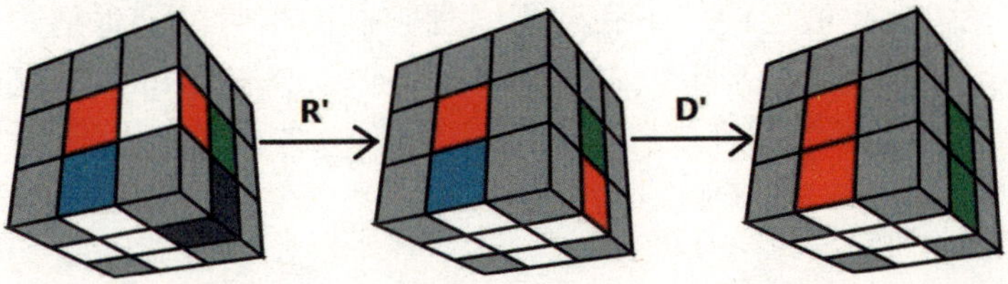

在其他三个底棱都未正确归位的情况下，用两步R' D'就让四个底棱全部归位了！这也就产生了一种新的思路，就是先不管侧面中心，按照四个底棱的相对位置关系，把它们都排列好，最后再用D调整。这个就是利用“相对位置”做底十字的方法，具有操作灵活、步骤少的优势。在最后一步D调整之前，底棱移动到底层、且白色朝下的过程称为“下底”。

所谓“相对位置”，就是四个底棱在底层的排列顺序。由于“左、前、右、后”四个侧面中心的颜色分别是“蓝、红、绿、橙”，那么如果从上往下看逆时针方向，四个底棱的正确顺序也是“蓝、红、绿、橙”。只要把四个底棱的相对位置调整好，最后就可以用D层的转动一起归位。在记忆相对位置的顺序时，不用死记硬背，我的方法是让每个方向都对应一个颜色，即前红后橙左蓝右绿，想象一下它们的空间位置，只要把这个空间位置记住了，不管怎么换，就都不会搞错了。如果问蓝色的左边是什么颜色，你一想蓝是左，左边的左边就是后边，后是橙，因此蓝色的左边是橙。实际情况中当然不会这么麻烦，熟练了后都是一瞬间的事。

找基准底棱

利用“相对位置”来做底十字，也不是毫无参照。第一个“下底”的底棱当然可以随意挑位置，但是之后“下底”的底棱就要看第一个底棱的位置，来确认自己的正确位置了，这样第一个底棱就是作为“**基准底棱**”。就好像一张圆桌，坐下来就相当于“下底”，要让老大先坐定了，其他人才能左左右右地坐好。因此找基准底棱，就相当于确定谁是老大。基准底棱可以是一个，也可以是多个，如果是多个，那么它们的相对位置必须是对的。其他底棱都是按照基准底棱的位置来排好顺序“下底”的。**通常是在已经“下底”的底棱中确定基准**，如右图（从下往上看的右前视角）所示。

上图中有两个底棱已经“下底”了，且它们的相对位置也是对的，红在蓝的右边。因此这两个底棱都可以确定为老大，一起作为基准，“绿白”和“橙白”底棱就按照这两个基准底棱的位置，来确定各自的位置。即“绿白”在后，“橙白”在左。

但老大一旦入座，也不是就不能移动了，有时如果站着的几个小弟“坐下来”后的相对位置正确，但又不方便移动，那么就要劳烦老大挪一下位置了。如下图：

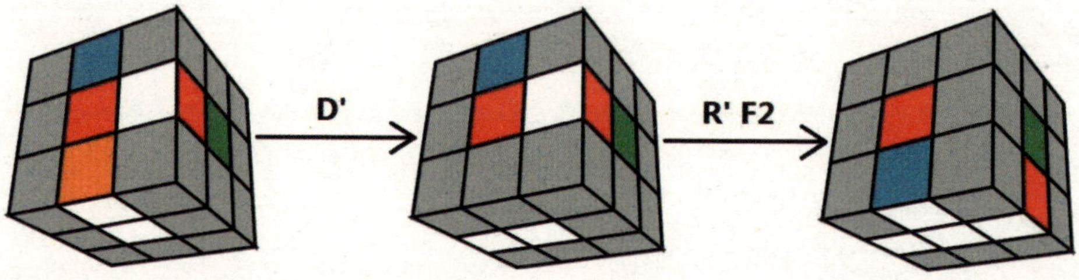

基准是“橙白”底棱，而“蓝白”和“红白”两个底棱可以用R' F2两步“下底”，相对位置也正确，但下面有老大占着位置，橙色应该是在蓝色的左边，因此此时就可以转一个D'让橙色老大往左挪一挪，让位给两个小弟，这样就可以很方便地让两个底棱正确“下底”了。

而如果找不到已经“下底”的底棱，那么就要在“站着”的各位中确定老大了，而且最好是多个“下到底层后相对位置正确”的底棱，如右图（从上往下看的右前视角）所示。

底层没有底棱，顶层有两个状态简单、且下底后相对位置正确的底棱，因此就可以用R'2 F2将它们“下底”作为基准底棱。

判断相对位置正确与否

判断两个底棱的相对位置是否正确，可以用上面所说的“空间位置”的关系来判断，但也有另一种更方便快捷的办法，只需记住“**红橙相对，蓝绿相对**”，然后**结合侧面中心的颜色**一起观察就能判断了，如下图所示（从下往上看的右前视角）。

上图中左图很好判断，两个底棱是“蓝白”和“绿白”，其中“绿白”已经归位了，而“蓝白”没有归位，那么它们的相对位置当然是错误的。

上图右图中两个底棱是“橙白”和“红白”，其中“橙白”底棱上面的那个侧面中心颜色是红色，红和橙是相对颜色，而“红白”底棱上面的那个侧面中心颜色是绿色，绿和红不是相对颜色，那么它们的相对位置也是错误的。

其中的规律就是**每一个面的“侧面中心和底棱颜色的关系”必须保持一致**，如果某一面的侧面中心和底棱颜色是相同，那么其他面也应该是相同，如果是相对，那么也要全部相对。一旦有不一致的情况，那么这个底棱的相对位置就错了。

但如果都是相邻，也有可能是错误的。这就要用“三色定律”了：观察两个面，连同侧面中心颜色和底棱颜色，一共四个颜色，如果这四个颜色中有三种不同的颜色，那么它们的相对位置就是正确的，如果不是三种，就是错误的。

上图中F面和R面的四个颜色是红蓝绿红，共三种不同颜色，因此这两个底棱的相对位置是正确的。

下图中左图的四个颜色是红橙绿蓝，共四种不同颜色，右图的四个颜色是红绿绿红，共两种不同颜色。因此这两种情况都是相对位置错误。

同时处理多个底棱

之前我们都是一个一个地处理底棱，这个归位了，然后做下一个。为了进一步减少步骤，我们就要学会同时处理多个底棱，让每一步包含更多的“目的”，产生“联动作用”。

我们来看下面一个例子（从上往下看的右前视角）。

“绿白”底棱只差一步R'就能归位了，而“红白”底棱在顶层前方，是“三步归位”的状态，如果先做R'让“绿白”底棱归位，那么“红白”底棱就至少要四步（U' R' F R），才能正确归位。但在这之前，先做一个U'，然后做R'让“绿白”底棱归位，看看会发生什么：

“红白”底棱现在只需要一步F就能归位了！这个就是借着某个底棱的归位，让另一个底棱的状态变简单。一个U'让“红白”底棱搭上了“绿白”底棱归位的顺风车，使得R'有了两个目的！一个是让“绿白”底棱归位，另一个是让“红白”底棱的状态简化。

这个就是一个很典型的两个底棱联动的例子。其**核心步骤**就是最后两步**R' F**，如下图所示。

这个可以作为一个**基本情况**。而由这个基本情况，还可以衍伸出很多其他标准情况，以下是各个步数的标准情况和对应的公式。

两步	

R'2 F	R F

续表

三步			
 U R' F	 R' F R'或F R' F	 R' 2 F R'	 U' R' 2 F
 B' R' 2 F	 R' F L	 R F R	

这些标准情况大家可以多尝试一下，熟悉熟悉。在实际做十字的时候，可以尽量把底棱的情况都转化到这几种标准情况，再结合“相对位置”的技巧，就能很高效地让多个底棱归位。

最后再讲解一个实例：

底十字解法：B' R' 2 F L D'

四个底棱的位置如右图，首先做B'，让“绿白”底棱下底，作为基准底棱，同时“红白”和“蓝白”底棱也变成了两步的标准情况，于是做R'2 F。此时“橙白”底棱也被简化了状态，可以用一步L下底。最后转D'调整，完成底十字。

总结

做底十字的技巧是很多的，我上面介绍的各种技巧也只是我总结出来的技巧，每个人做十字的思路和风格都是不一样的。做十字水平的提升是一个很漫长的过程，甚至有的魔方玩家把CFOP的公式全背完了，但是做十字的水平还是很差，导致拖后腿严重。因此想要提升水平，最重要的是要靠平时大量练习的积累，总结经验，然后多请教高手，研究高手的十字解法的思路。还可以运用魔方开解程序，如Cube Explorer，算出某个十字情况的最短步骤，对其每一步进行研究，然后和自己的解法对比分析。这一过程要循序渐进，不要急功近利，多静下心来审视和改进自己的解法。这样才能逐渐提升自己做十字的水平，缩短所花费的时间。

03 同时完成前两层（First 2 Layers，F2L）

第二步是同时完成前两层，但说是同时，其实是分四次做F2L公式，如右图所示。

底十字做完后，前两层未归位的部分就被分为四个槽位（图中深灰色标示的地方）。每个槽位包含有一个底角和一个中棱，因此每次做的F2L公式是同时把“一个底角和一个中棱”归位，做一次填满一个槽，连续做四次就能完成前两层。

首先规定一下两种示例图的方位朝向，虽然前面也用过这两种图示，但接下来的F2L图示中会大量出现和转换（一般是成对地出现，且互为左右对称），因此专门拿出来介绍一下。

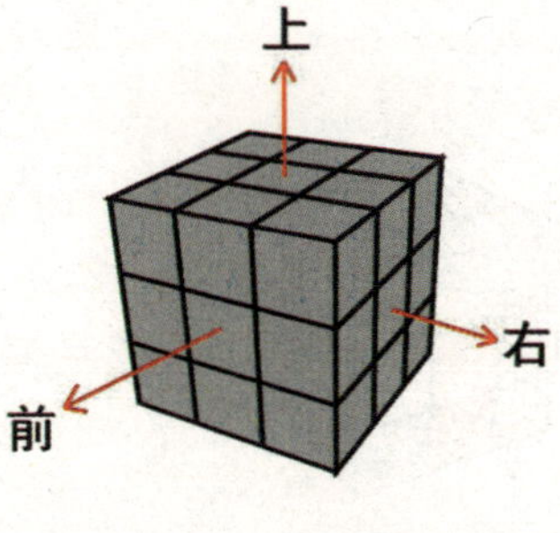

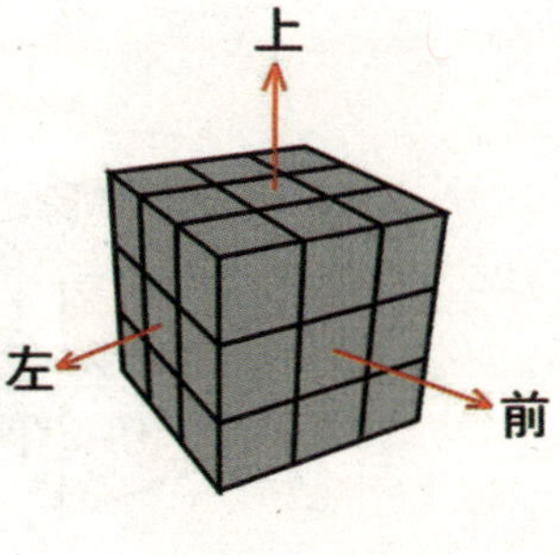

两幅图都是“前”朝着自己。

左图是魔方的右面稍微偏向自己，使右面的情况能观察到，所以称之为

“右观察模式”；

右图是魔方的左面稍微偏向自己，使左面的情况能观察到，所以称之为“左观察模式”。

“右观察模式”的公式一般都是以R类开头，因此用右手做；“左观察模式”的公式一般都是以L类开头，因此用左手做。

四种基本情况

所有41种F2L情况中有4种基本情况，其他37种情况都可以先转化为基本情况，然后完成角棱归位。这4种基本情况和对应的公式分别是：

R U R'	L' U' L	U R U' R'	U' L' U L

其实这四个公式就是前面层先法中“底角归位”一节介绍过的几个公式，第一和第二、第三和第四是左右对称的关系。观察后两种情况，可以看到中棱和对应的底角连成一个“**角棱对**”，直接把这整个“角棱对”放进槽位，就完成了角棱同时归位的目的。其实前两种情况利用的也是角棱对，下面以第一个情况为例进行介绍。

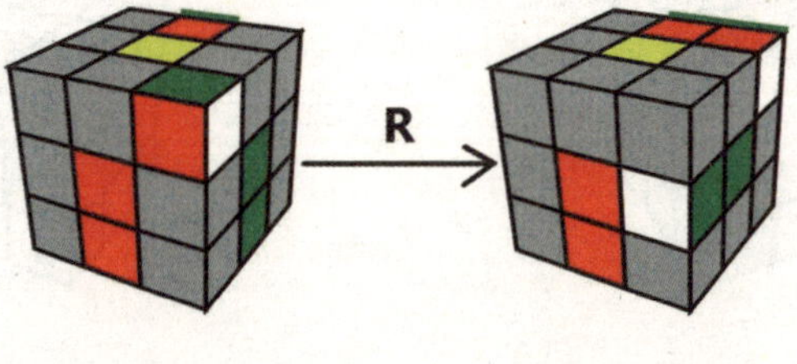

上图中可以看到在做完第一步R后，在顶层后方也构成了一个“角棱对”。因此把这第一个和第三个情况称为“准角棱对”。

因此F2L的核心思路就是先组成“角棱对”或“准角棱对”，然后就能顺利地放入槽位，完成角棱归位，即先“**构成**”后“**放入**”。在后面的公式介绍中我会把“构成”的部分标红。大家只要把四种基本情况的公式熟悉，刚开始记忆F2L公式的时候就可以只记忆“构成”的部分，从而减少记忆量。

而大部分的“构成”过程，是利用“藏棱”或“藏角”来完成的。所谓“藏棱藏角”就是先将一个棱块或角块藏到中层或底层，使其不受顶层转动的影响，然后在顶层调整另一个块的位置，最后把藏着的那个棱块或角块重新移上来，构成“角棱对”或“准角棱对”。大家可以在下面的F2L公式中慢慢体会这种“藏棱藏角”的“构成”思想，这有利于大家对F2L的熟悉和理解。

其他37种情况

接下来就开始介绍除去4种基本情况的37个F2L情况和公式了。现将这37个F2L分为四大类：

- **角在顶层，棱在中层**：6个
- **角在底层，棱在顶层**：6个
- **角棱都在顶层**：20个
- **角在底层，棱在中层**：5个

“角棱都在顶层”的情况太多，因此又可细分为三个小类：

- **角块白色朝侧面，且角棱在顶面同色**：6个
- **角块白色朝侧面，且角棱在顶面异色**：6个
- **角块白色朝上**：8个

因此共7类F2L，下面给出每一种F2L的图示和对应公式。

1．角在顶层，棱在中层（6个）

 U' R U' R' U2 R U' R'	 U L' U L U2 L' U L
 U' R U R' y' U R' U' R	 U L' U' L y U' L U L'
 （R U R' U'）2 R U R'	 R U' R' U y' R' U R

2．角在底层，棱在顶层（6个）

 R U R' U' R U R'	 L' U' L U L' U' L
 R U' R' U R U' R'	 L' U L U' L' U L

续表

 U R U' R' y U' L' U L	 U' L' U L y' U R U' R'

3. 角棱都在顶层，且角块白色朝侧面、角棱在顶面同色（6个）

 R U' R' U2 y' R' U' R	 L' U L U'2 y L U L'
 U' R U'2 R' U2 R U' R'	 U L' U2 L U2 L' U L
 U' R U R' U2 R U' R'	 U L' U' L U2 L' U L

4. 角棱都在顶层，且角块白色朝侧面、角棱在顶面异色（6个）

 U' R U' R' U R U R'	 U L' U L U' L' U' L

续表

 U' R U R' U R U R'	 U L' U' L U' L' U' L
 U' R U2 R' y' U R' U' R	 U L' U2 L y U' L U L'

5．角棱都在顶层，且角块白色朝上（8个）

 U2 R U R' U R U' R'	 U2 L' U' L U' L' U L
 U R U'2 R' U R U' R'	 U' L' U2 L U' L' U L
 R U2 R' U' R U R'	 L' U2 L U L' U' L

续表

 U R U' R' U' R U' R' U R U' R'	 U' L' U L U L' U L U' L' U L

注意

最后两种情况是先用绿色部分公式，转化成“角块在底、棱块在顶”的情况，然后用后面的相应公式解决。

6．角棱都不在顶层（5个）

 R U' R' U R U'2 R' U R U' R'	 L' U L U' L' U2 L U' L' U L
 R U R' U' R U' R' U2 y' R' U' R	 R U' R' U y' R' U' R U' R' U' R
 R U' R' U y' R' U2 R U'2 R' U R	**注意** 这五种情况都是先用绿色部分公式，转化成“角棱都在顶层”的情况，然后用后面的相应公式解决。

角块或棱块处于错误的槽位

当角块或棱块处在错误的槽位中时，可以用“构成”部分先组成“角棱对”或“准角棱对”，然后放入正确的槽位。

下面举个例子：

“红绿”棱块处于错误的槽位（蓝红槽），如下图（左）所示，而只看“白红绿”角块和“红绿”棱块的话，对应的是下图（右）所示的标准情况。

因此就可以用这个标准情况公式的“构成”部分U' R U' R'来组成角棱对。

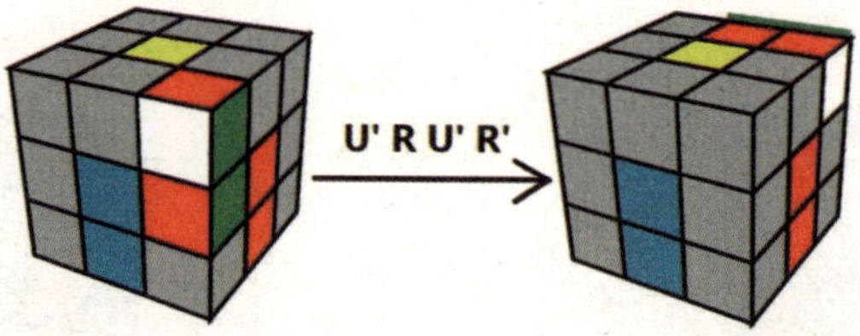

然后再做y U R U' R'，把角棱对放入正确的槽位。

角块处于错误的槽位，甚至角棱都在同一个错误槽位也是同样的道理。如果角和棱在不同的错误槽位，那么就把其中一个移到顶层，再组成角棱对或准角棱对，最后正确归位。

一些更顺手的F2L公式

上面的41个F2L公式大都是采用左右对称的公式，对于初学者比较容易掌握。但对于右撇子来说，左手公式会做不习惯，而且有些公式中间需要换手，比如从左手做换到右手做。下面针对这些情况，提供一些更顺手的公式。

 F R' F' R	 U R U R' U'2 R U R'	 U' R' F R F' R U' R'
 U'2 R U R' F R' F' R	 U F' U' F U' R U R'	 U R U' R' F R' F' R
 R' F' R U R U' R' F	 R U' R' U' R U R' U2 R U' R'	 R r' U r U' r' U' r R'
 R' U2 R2 U R'2 U R	 y' R U'2 R'2 U' R2 U' R'	 U' R U R'2 F R F' R U' R'

“空槽”和“多向”的运用

所谓“空槽”，就是指角棱尚未归位的槽位，看着好像是空的一样。不知大家有没有注意到，41种标准F2L情况的公式，在把角棱归位的过程中，只影响目标槽位内的块，对其他槽位都毫无影响。这是因为如果其他槽位有已归位的角棱，就会被破坏掉了。因此通常情况下都是只影响目标槽位。而如果某个特定的槽位是“空槽”，就可以利用影响这个“空槽”，来简化F2L公式。

例如，下图（左）所示的是一个标准情况的公式，如果图中深灰色标示的槽位是“空槽”，那么就可以这么做来完成这个F2L。

先把原图中的魔方转一个d，把初始位置摆成下图（右）所示的样子，然后用这个新公式完成F2L。这样就省去了转体，使得公式得到简化，做起来更加连贯。

R U' R' U2 y L' U' L

R U' R' U R' U' R

再体会一下这个公式，会发现红色标示的“构成”部分是在“空槽”里完成的，而最后的归位还是归位到了目标槽位。因此F2L公式中的“构成”部分其实是可以在其他空槽中完成，而不必一定要移到目标槽位来完成。这样就增加了灵活性，运用得好还能减少转体和公式步数。

不知大家注意到没有，上面新公式的最后三步R' U' R，其实就是基本情况L' U' L，只是换了个方向做。

L' U' L

R' U' R

这就是“多向”的概念。同一个公式可以在不同的方向做，顺逆不变，只是字母要改变一下。这样就拓展了一个情况的初始摆放位置，不必都摆到同一个位置，利用“多向”就能省去整体转所耗费的时间。而通常用得最多的是“双向”，也就是通过y2旋转，得到的另一个方向。因为y2会使R变成L，或L变成R，而R类和L类是我们做得比较顺手的两类旋转。这样转换出的双向公式会比较顺手，而其他两个方向的转动：F和B，做起来就会有点别扭了。因此“双向”是最实用的F2L拓展技巧。以下是几个F2L情况的双向公式。

原标准情况	双向情况
 R U R' U' R U R'	 L U L' U' L U L'
 U' R U' R' U R U R'	 U' L U' L' U L U L'
 U' L' U2 L U' L' U L	 U' R' U2 R U' R' U R

还有一些比较顺手的多向公式，大家可以在网上搜到。但请注意，并不一定要追求完全的“四向”，也就是完全不用整体转就完成F2L。因为很多四向公式不是很顺手，甚至不如“转体+原公式”来的快。因此在搜集“多向”公式时

要考虑其顺手程度和速度，和原公式进行对比，这样才能最大程度地发挥“多向”的作用。

04 顶层翻色（Orientation of Last Layer，OLL）

前两层完成后，就进入到第三层的复原了。第三层分为两个步骤，翻色和位置调整，也就是OLL和PLL。之前介绍的层先法的翻色分为“顶棱翻色”和“顶角翻色”两个步骤，在CFOP还原法中，这两步就合并为了一步，也就是把顶棱和顶角一起完成翻色。而合并步骤带来了步数减少的同时，也使得情况变多了。

OLL的分类

OLL共有57个，可按照顶棱翻色状态分为四类：“点”、“线”、“拐”、“十字”。其中“点”类有8种情况，“线”类有15种情况，“拐”类有27种情况，“十字”类有7种情况。层先法的七个顶角翻色情况其实就是“十字”类的OLL。因此我建议大家在背OLL公式时按类型背。

1. OLL背公式顺序

“十字”→“线”→“拐”→“点”

❶“十字”是最容易掌握的类型，其他类型的情况可以轻松地转化为“十字”类型。因此把“十字”类型放在首位；

❷“线”的情况不是太多，公式大部分也比较短且顺手。因此放在第二位；

❸“拐”的情况较多，部分公式较复杂，因此放在第三位；

❹“点”遇到的概率最小且公式复杂，因此放在最后一位。

2. 背OLL各个阶段的效果

背完的OLL类型	效　　果
十字	线→F R U R' U' F'→十字 拐→f R U R' U' f'→十字 点→F R U R' U' F'+ f R U R' U' f'→十字 最多使用三次公式完成顶层翻色
十字+线	拐→f R U R' U' f'→十字 点→f R U R' U' f'→线 最多使用两次公式完成顶层翻色
十字+线+拐	点→f R U R' U' f'→线 最多使用两次公式完成顶层翻色
十字+线+拐+点	使用一次公式就能完成顶层翻色

在接下来的OLL公式图解中，会顺便给出每个OLL的编号，这个是根据魔方界的前辈Gan（江淦源）整理过的OLL公式集来编号的，目前有一定的通用性，方便大家互相交流。

手法注意：以下公式中出现的D'都是用左无名指推底层左后方的角块，B'都是用右大拇指下压顶层右后方的角块。

57个OLL情况图示和公式

首先还是再来回顾一下之前给过的7个“十字”类OLL。

OLL21	OLL22
	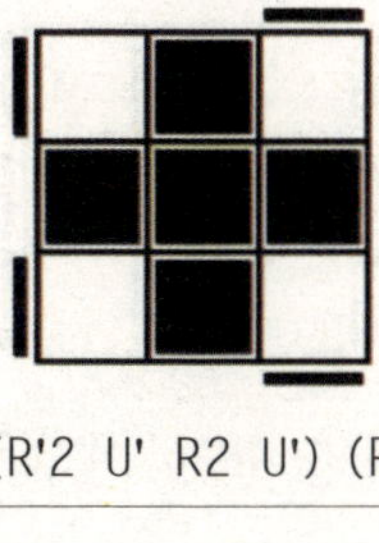
(R' U') (R U' R' U) (R U' R' U2 R)	(R U'2) (R'2 U' R2 U') (R'2 U'2 R)

续表

OLL23	OLL24

(R'2 D') (R U2 R' D) (R U2 R)	(r U R' U') (r' F R F')

OLL25	OLL26	OLL27
	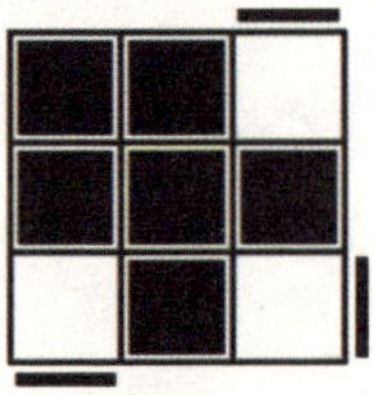	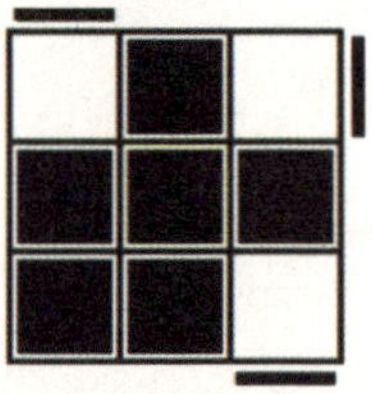
F' (r U R' U') (r' F R)	(R' U' R U') (R' U2 R)	(R U R' U) (R U'2 R')

然后是15种“线”类OLL。

OLL51	OLL56
	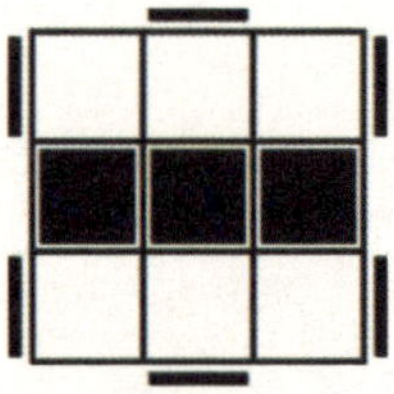
f (R U R' U')2 f'	r' U' r (U' R' U R)2 r' U r
OLL55	OLL52
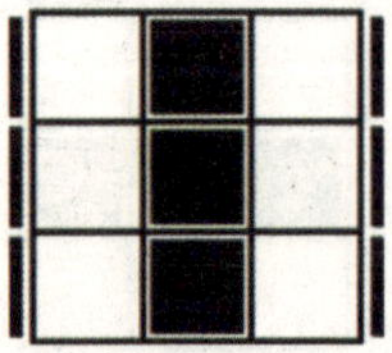	
(R U'2 R'2 U') (R U' R' U2) (F R F')	(R' F' U' F U') (R U R' U R)

续表

OLL13

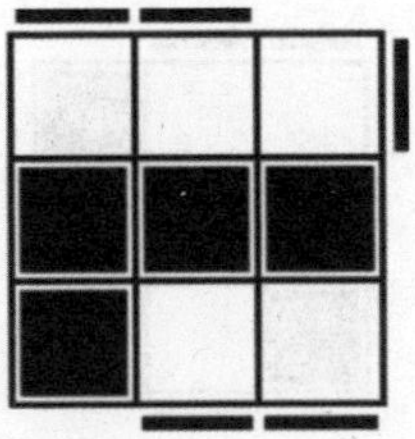

(F U R U' R'2 F') (R U R U' R')

OLL14

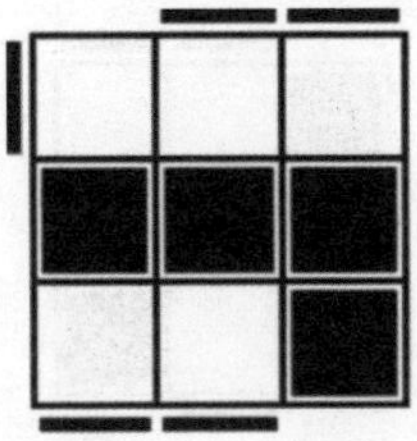

(R' F R U R' F' R) (F U' F')

OLL16

(r U r') (R U R' U') (r U' r')

OLL15

(r' U' r) (R' U' R U) (r' U r)

OLL45

F R U R' U' F'

OLL33

(R U R' U') (R' F R F')

OLL57

(R U R' U') r (R' U R U') r'

OLL46

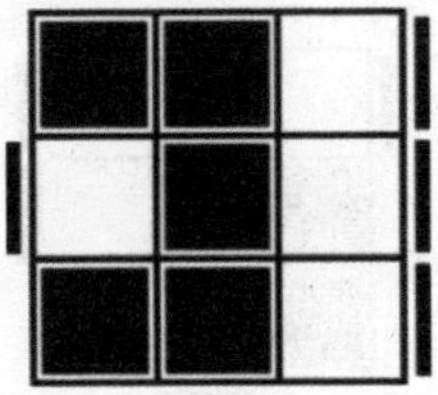

R' U' (R' F R F') U R

OLL34

(R U R2 U') (R' F) (R U R U' F')

续表

OLL40	OLL39
	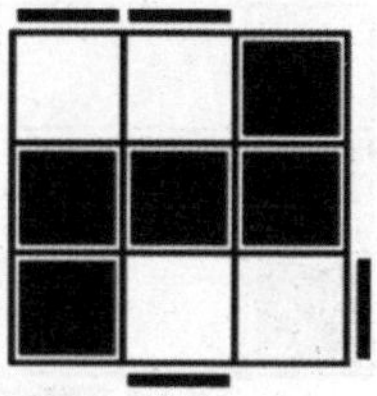
(R' F R U R' U') (F' U R)	(r U' r' U' L U) (F U' L')

然后是27种“拐”类OLL。

OLL06	OLL05	OLL08	OLL07
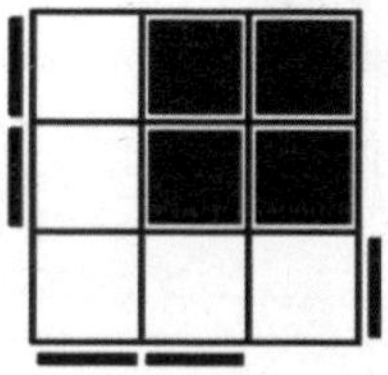	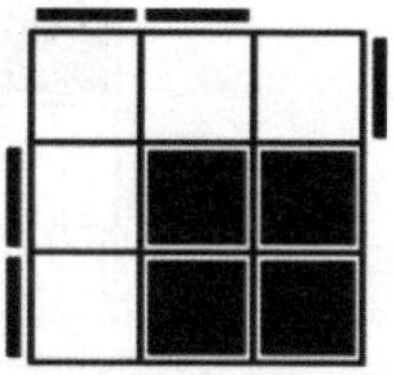	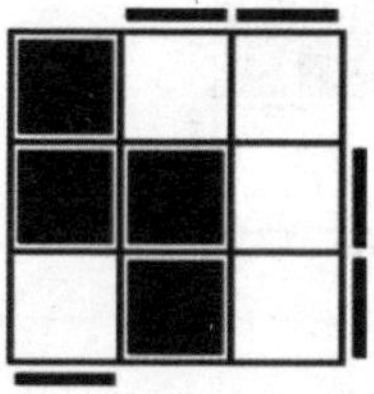	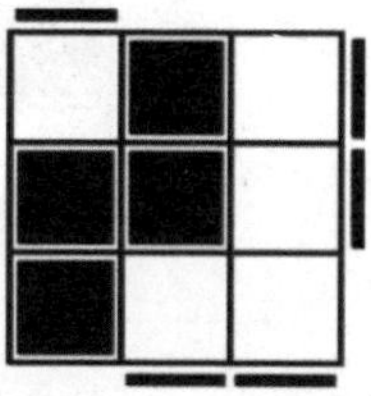
r U2 R' U' R U' r'	r' U'2 R U R' U r	r' U' R U' R' U2 r	r U R' U R U'2 r'

OLL11	OLL12

r' (R2 U R' U) (R U'2 R' U M')	r (R'2 U' R U') (R' U2 R U' M)
OLL29	OLL30
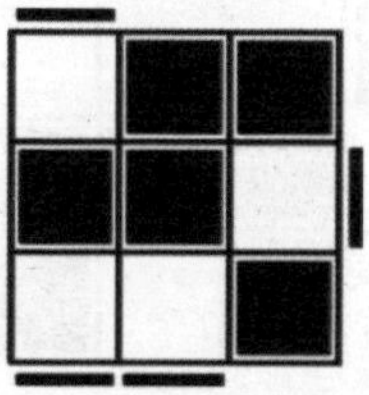	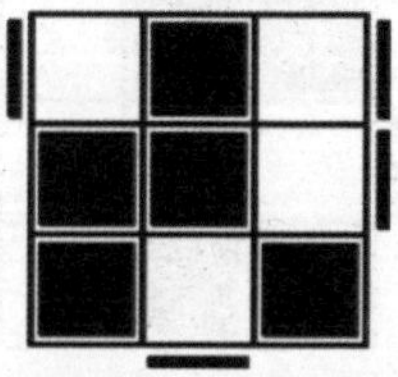
(R U R' U') (R U' R' F' U' F) (R U R')	F (R' F R2 U' R' U') (R U R' F2)

续表

OLL42

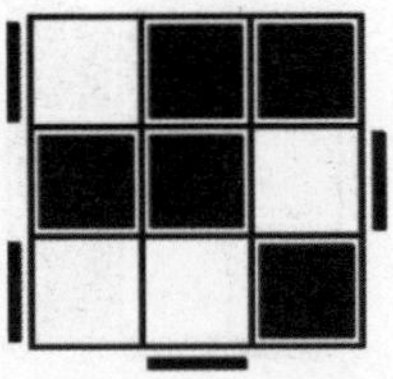

x (R' U R U')2 x' (R U R' U' R U R')

OLL41

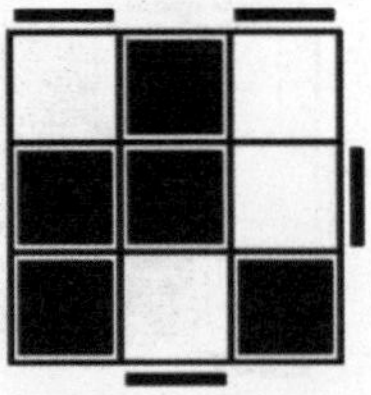

(R U R' U R U'2 R') (F R U R' U' F')

OLL09

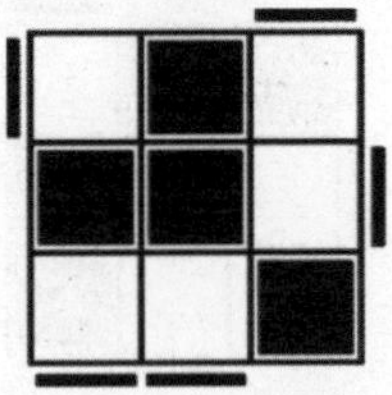

(R U R' U' R' F) (R2 U R' U' F')

OLL10

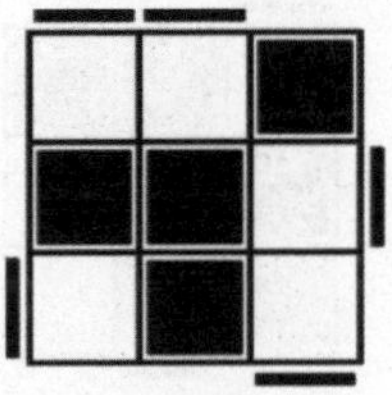

R U R' y R' F R U' R' F' R

OLL37

(F R U' R' U') (R U R' F')

OLL35

(R U'2) (R'2 F R F') (R U'2 R')

OLL28

(r U R' U') r' (R U R U' R')

OLL44

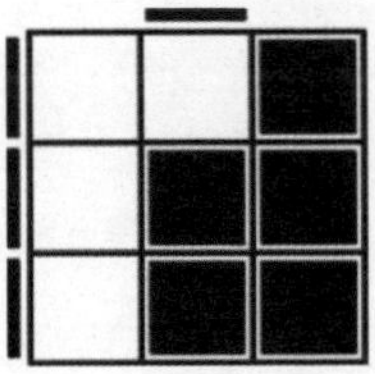

f R U R' U' f'

OLL43

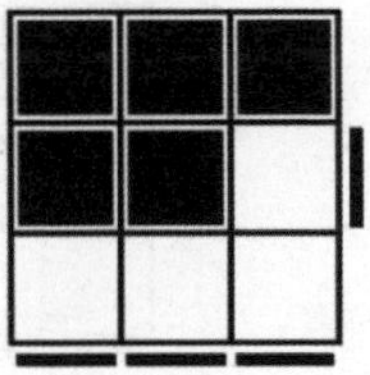

R' U' F' U F R

续表

OLL32 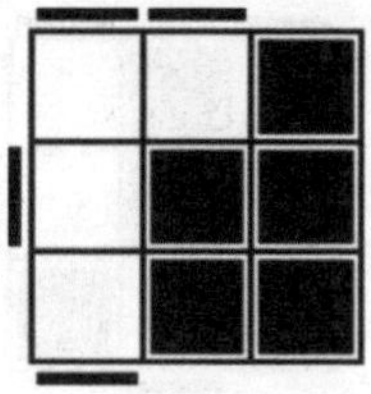 (R U B' U') (R' U R B R')	OLL31 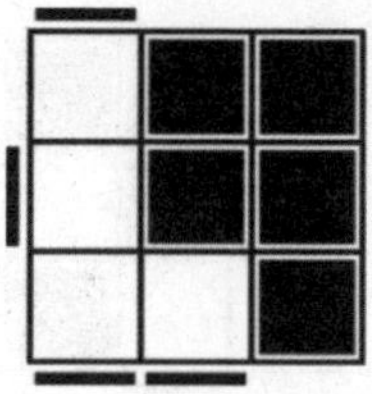 (R' U' F U) (R U' R' F' R)
OLL38 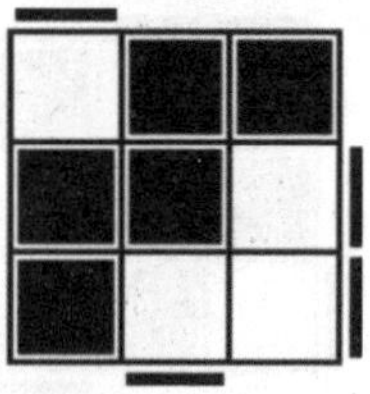 (R U R' U) (R U' R' U') (R' F R F')	OLL36 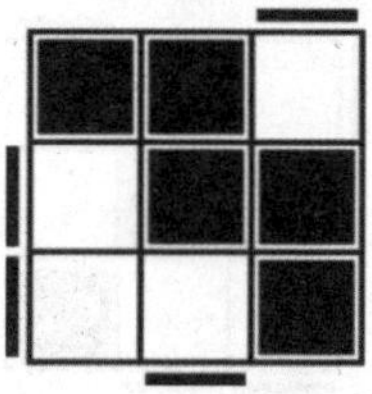 (L' U' L U') (L' U L U) (r U' r' F)
OLL48 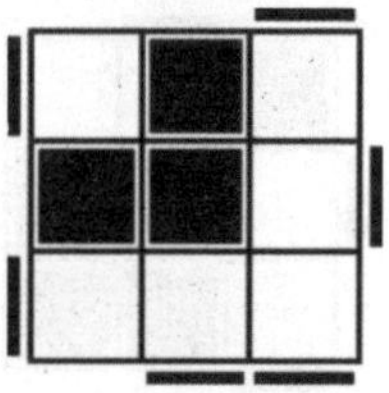 F (R U R' U')2 F'	OLL47 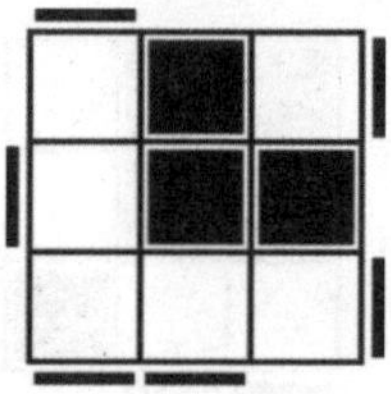 R' U' x (R' U R U')2 x' U R
OLL54 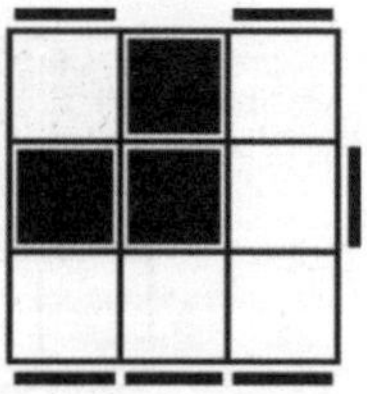 (r U2 R' U') (R U R' U') (R U' r')	OLL53 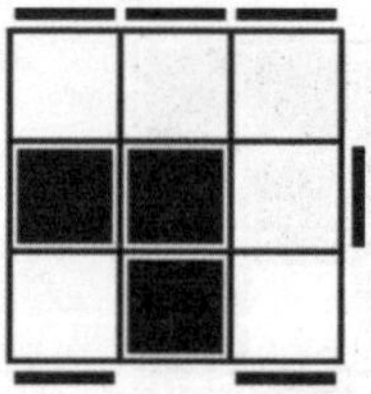 (r' U'2) (R U R' U') (R U R' U r)

续表

OLL50	OLL49
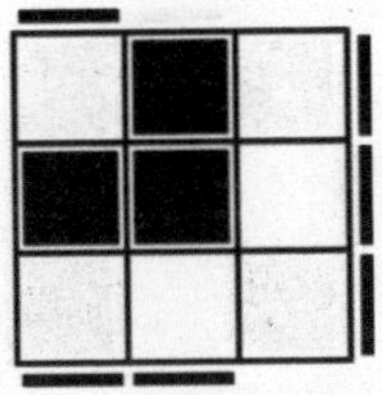	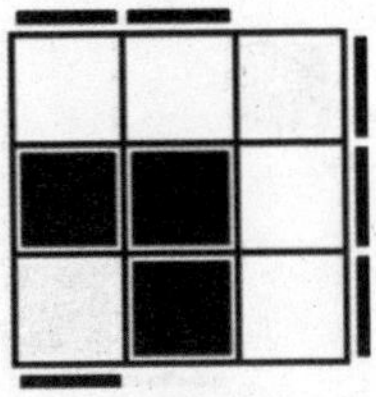
(R' F) (R2 B' R'2 F') (R2 B R')	(R B') (R'2 F R2 B) (R'2 F' R)

最后是8种“点”类OLL。

OLL01	OLL02
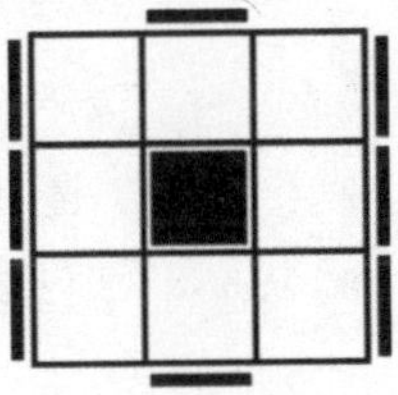	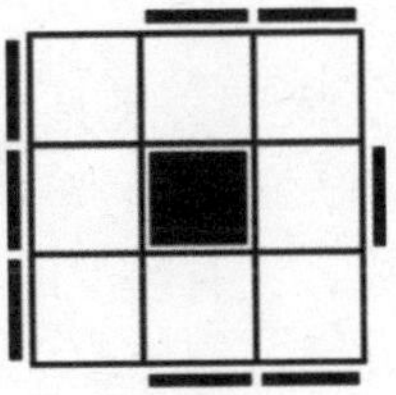
(R U'2) (R'2 F R F') U'2 (R' F R F')	(F R U R' U' F') (f R U R' U' f')
OLL03	OLL04
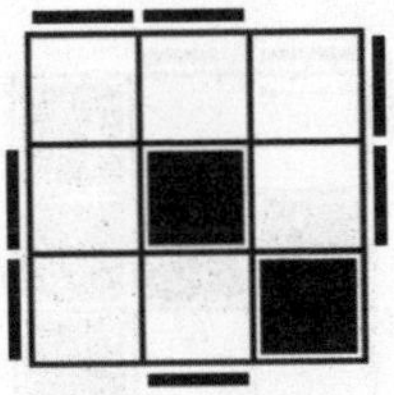	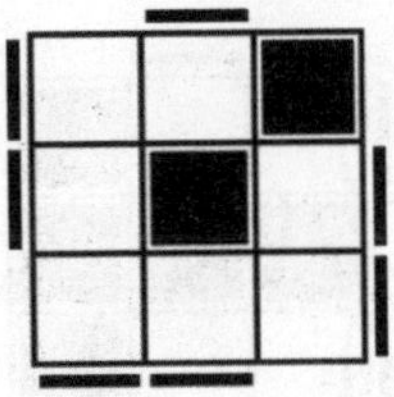
(f R U R' U' f') U' (F R U R' U' F')	(f R U R' U' f') U (F R U R' U' F')
OLL19	OLL18
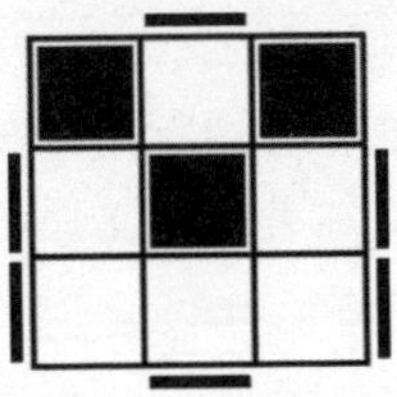	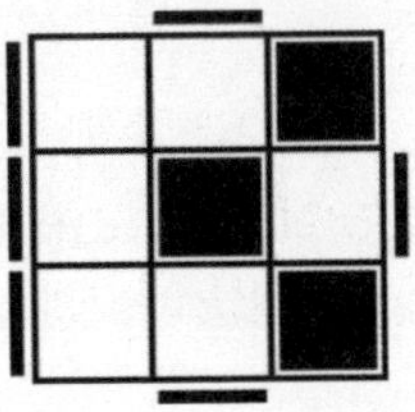
(r' R U) (R U R' U') r (R'2 F R F')	(R U'2 R'2 F R F') U'2 (r R' U R U' r')

续表

OLL17	OLL20

(R U R' U) (R' F R F') U'2 (R' F R F')	(r' R U) (R U R' U') r2 (R'2 U R U') r'

相似OLL的分辨技巧

以上OLL大部分都是两个形状左右对称的情况放在一起，大家在记忆的时候要注意区分，可以根据形状来判断是“左型”还是“右型”。还有部分OLL是形状完全一样，只有侧面的细节有所不同的情况，大家也要注意对比，找到各自的特征，这样才不会搞混。如下面两个OLL：

OLL45	OLL33
	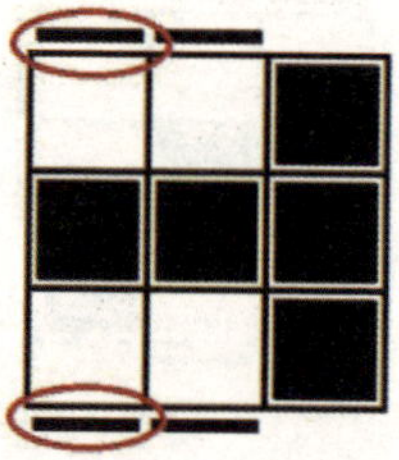
F R U R' U' F'	(R U R' U') (R' F R F')

这两个OLL的形状都是“T”字形，而差别就在于红圈圈出的部分，也就是未翻色的角块的顶面颜色朝向不同。在判断出是“T”字形OLL后，只要再观察这两个角块，就能快速判断出是哪个OLL了。

05 顶层归位（Permutation of Last Layer，PLL）

还剩下最后一个步骤，就是PLL，把顶层所有角棱的位置都一起调正确，完成顶层的归位。这一步相当于层先法的“顶角归位”和“顶棱归位”合并起来，提高了复原效率。

PLL的情况有21个，与F2L、OLL比较起来，算是很少了，因此CFOP初学者可以先把21个PLL公式背下来。21个PLL可分为：4个棱换、3个角换、10个两角两棱换、4个三角三棱换。因为公式量都不多，大家可以按照顺序背。

PLL的观察技巧

PLL的观察其实是有技巧的，判断某种情况是哪个PLL，高效的方法是 “找特征”，而如果通过观察“块的交换关系”来判断，就会很慢。

每个PLL的特征都不同，其中棱换的特征是“对色”，“对色”就是指位置相对的颜色，如“白和黄”、“红和橙”、“绿和蓝”。关于棱换的特征在前面的“层先法提高篇”中已经介绍过。四角换的特征比较特殊，在后面的公式图示中会详细介绍。而其他16种情况的特征是“同色”，也就是图示中外围的**线段**，它们表示**每个侧面颜色相同的角块或棱块**。例如下面表格中的四种情况：

每个PLL的图示都由箭头和线段这两个要素组成，如三棱换。如右图所示，箭头表示块的交换关系，线段表示每个侧面颜色相同的块。初学者可能会觉得箭头比较直观易懂，因为他们会习惯先转动顶层，把某几个块对齐归位，然后看剩下几个块的交换关系，这样来确定是哪个PLL。

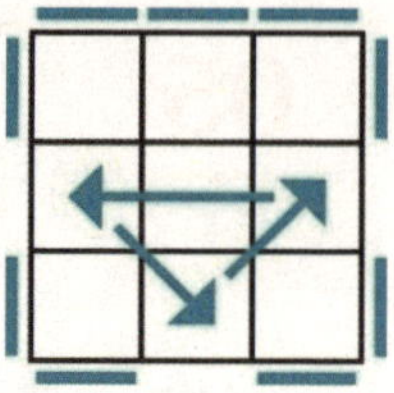

正如前面“层先法提高篇”中介绍过的几个棱换情况，把角块都对齐归位，棱的交换关系就很明显地显现出来了。但是这样判断是有风险的，如下图所示的某个两角两棱换就是交换关系较复杂的PLL情况。

如果你对齐了四个块，就是两角两棱换，如上图（左）所示；但如果你多转了一下顶层，发现只对齐了两个块，那么其他块的交换关系就是三角三棱换，转换成箭头的话，就会和原来图示中的箭头完全不同，如上图（右）所示。

因此在判断PLL的时候，**不要看箭头，而是找“特征”**，这样就能避免很多误区和弯路。在下面的PLL公式图示中，我会把每个PLL的“特征”都列出来，大家在判断PLL时就根据这些特征来对应。

21个PLL图示和公式

以下会按照Gan的PLL编号顺序来排列，方便大家交流。

PLL01	特征
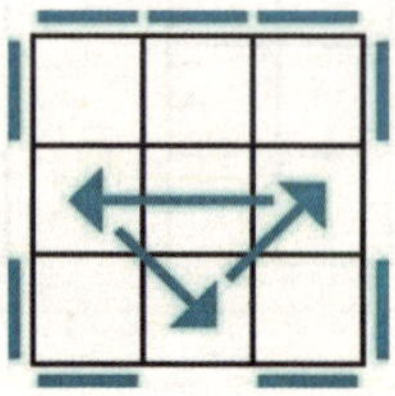 (R U' R U R U) (R U' R' U' R2)	 把三块同色的一面朝后，**右侧面**中间颜色（蓝）和两端颜色（绿）**是对色关系**。

续表

PLL02 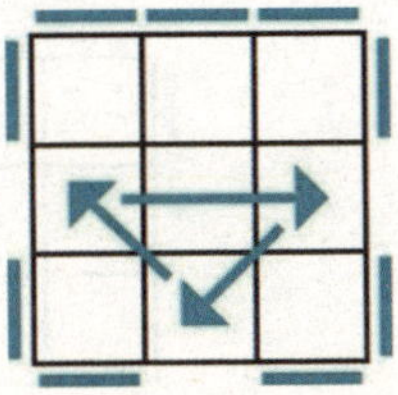 (R2 U R U) (R' U' R' U' R' U R')	特征  把三块同色的一面朝后，右侧面中间颜色（红）和两端颜色（绿）不是对色关系。
PLL03 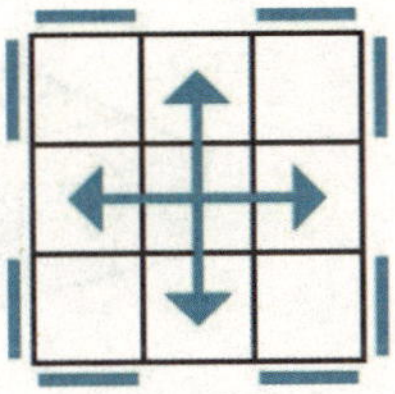 (M'2 U M'2) U2 (M'2 U M'2)	特征  每个侧面的中间颜色和两端颜色都是对色关系。
PLL04 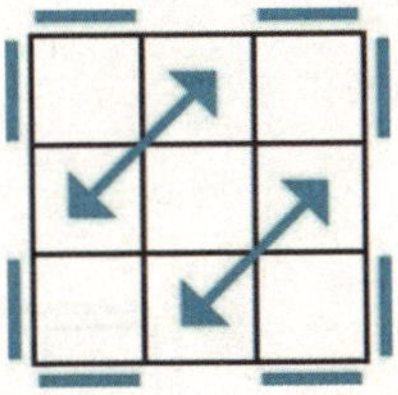 (M'2 U M'2 U) (M' U2 M'2 U2 M' U2)或 (U R' U' R U') (R U R U' R' U) (R U R2 U' R' U)	特征  每个侧面的中间颜色和两端颜色都不是对色关系。
PLL05 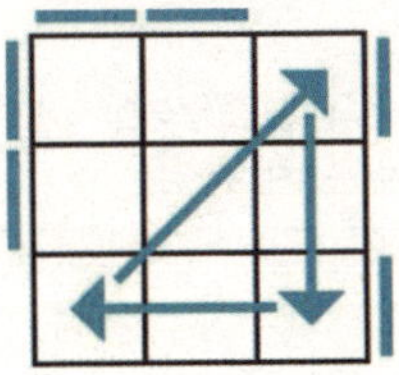 x' (R2 D2) (R' U' R) D2 (R' U R') x	特征 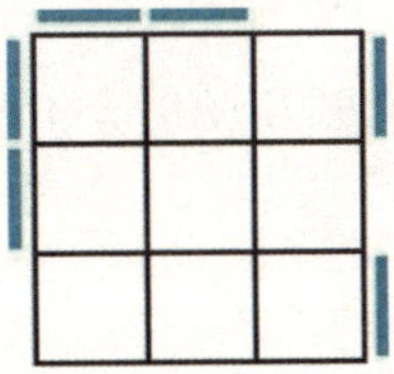 注意线段表示的每个侧面同色的块。

续表

PLL06	特征
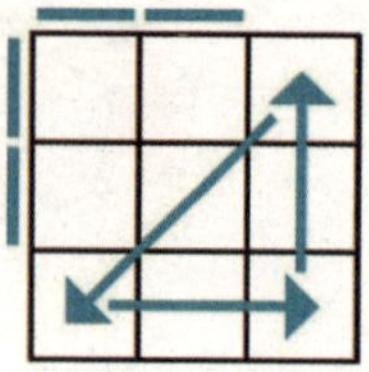 x' (R U' R) D2 (R' U R) (D2 R'2) x	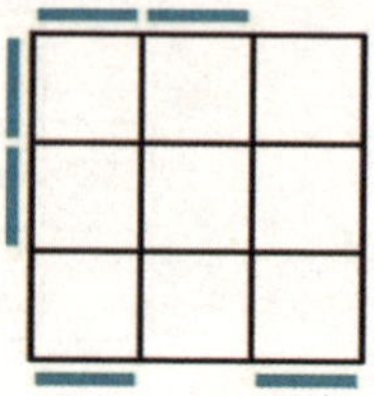 注意线段表示的每个侧面同色的块。
PLL07	特征
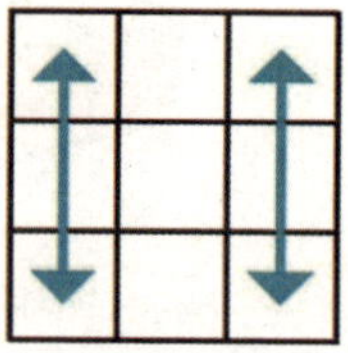 x' (R U' R' D) (R U R' D') (R U R' D) (R U' R' D') x	 观察深灰色标示的两个格子是否同色。如果同色，直接做公式；如果不同色，先转U或U'，再做公式。
PLL08	特征
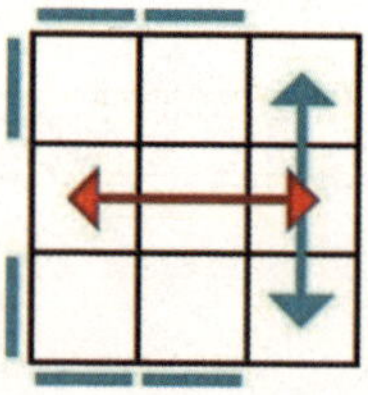 (R U R' U') (R' F R2 U' R' U') (R U R' F')	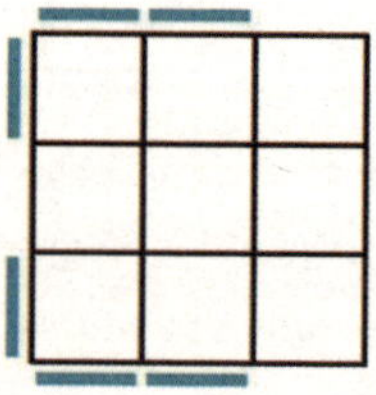 注意线段表示的每个侧面同色的块。

续表

PLL09	特征
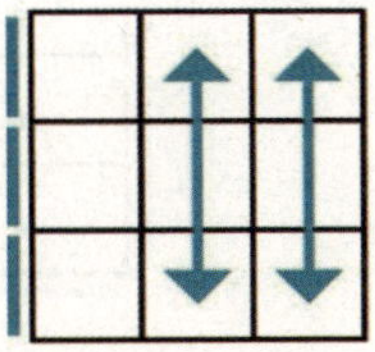	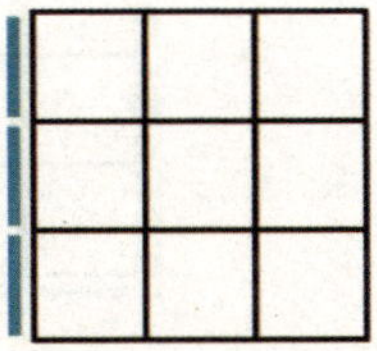
(R' U' F') (R U R' U') (R' F R2 U' R' U') (R U R' U R)	注意线段表示的每个侧面同色的块。
PLL10	特征
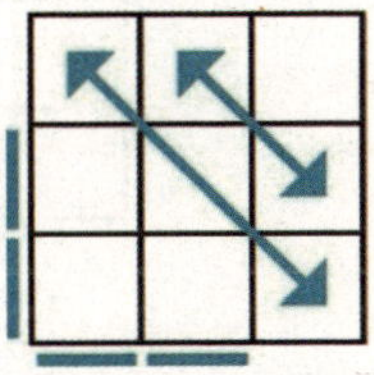	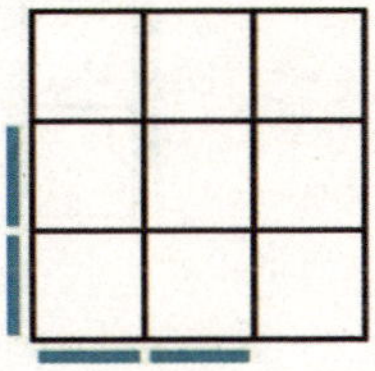
(R' U R' U') y (R' F' R2 U') (R' U R' F R F)	注意线段表示的每个侧面同色的块。
PLL11	特征
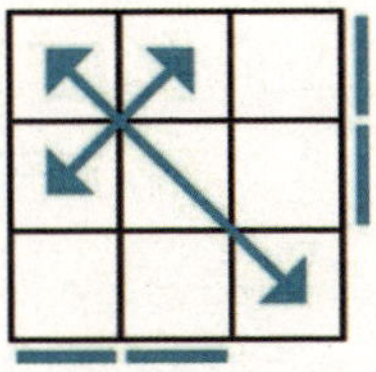	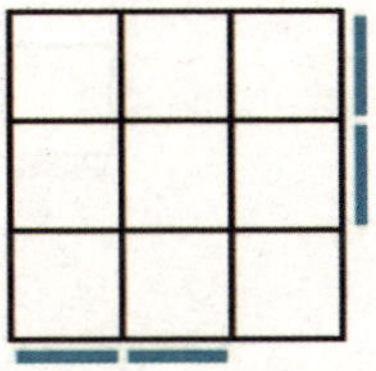
F(R U' R' U') (R U R' F') (R U R' U') (R' F R F')	注意线段表示的每个侧面同色的块。

续表

PLL12 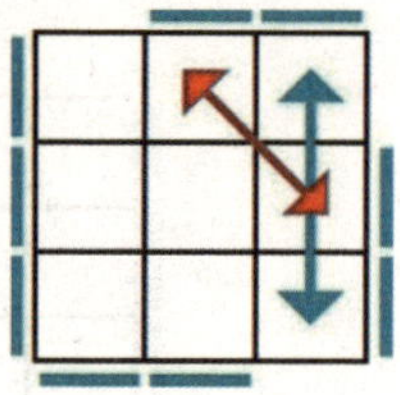 (R' U'2 R U R') z (R2 U R' D R U')	特征 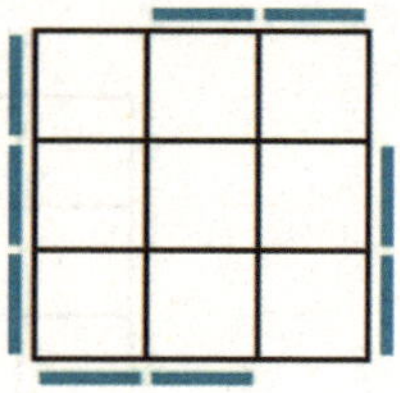 注意线段表示的每个侧面同色的块。
PLL13 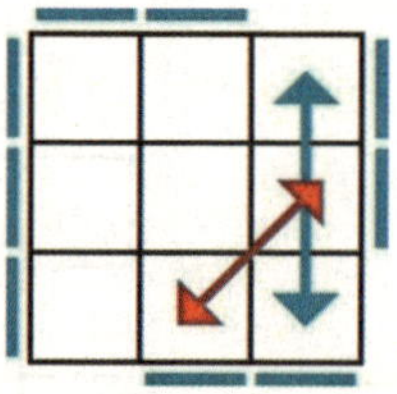 (R U R' F') (R U R' U') (R' F R2 U' R' U')	特征 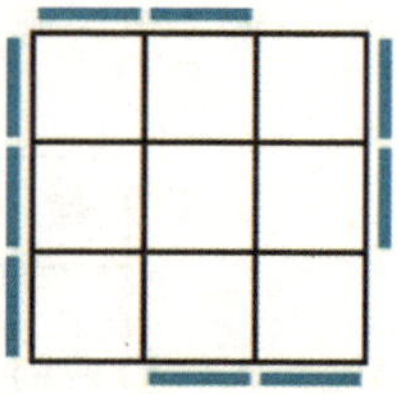 注意线段表示的每个侧面同色的块。
PLL14 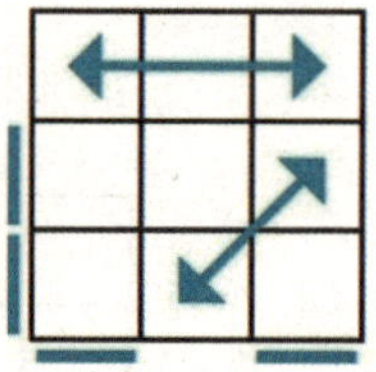 (R' U2 R U'2) (R' F R U R' U') (R' F' R2 U')	特征 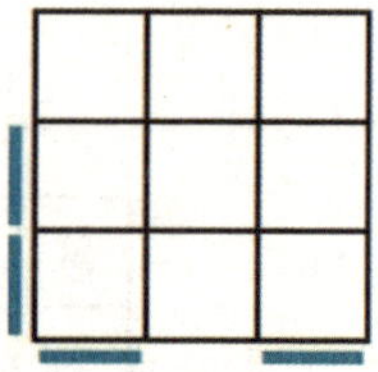 注意线段表示的每个侧面同色的块。
PLL15 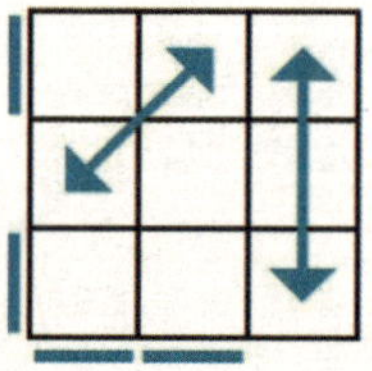 (R U' R' U') (R U R D) (R' U' R D') (R' U2 R' U')	特征 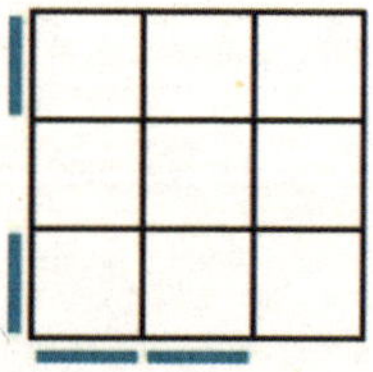 注意线段表示的每个侧面同色的块。

续表

以下四个三角三棱换**注意小写u是双层转**	
PLL16 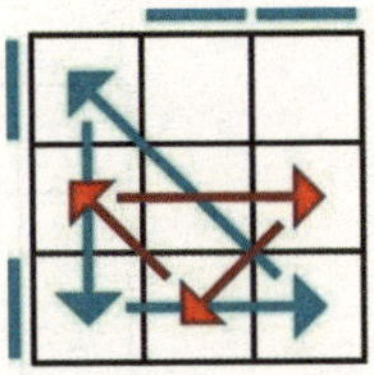 (R'2 u' R U') (R U R' u R2) (B U' B')	特征 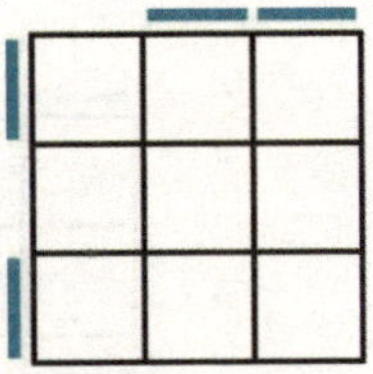 注意线段表示的每个侧面同色的块。
PLL17 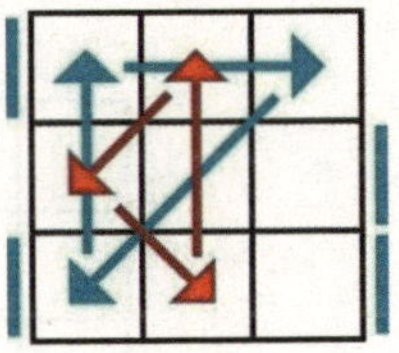 (R U R') y' (R2 u' R U') (R' U R' u R2)	特征 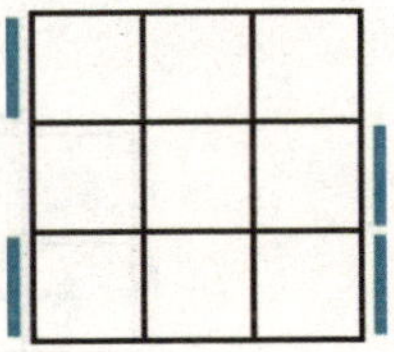 注意线段表示的每个侧面同色的块。
PLL18 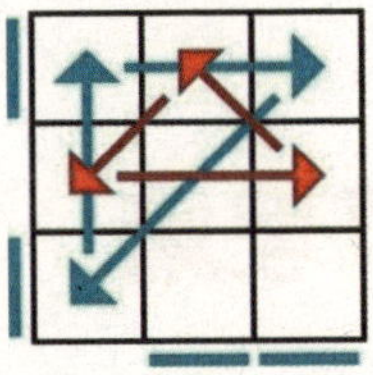 (R2 u R' U) (R' U' R u' R2) y' (R' U R)	特征 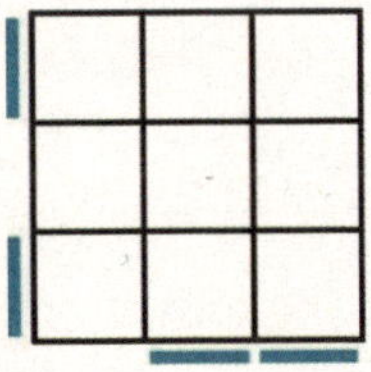 注意线段表示的每个侧面同色的块。
PLL19 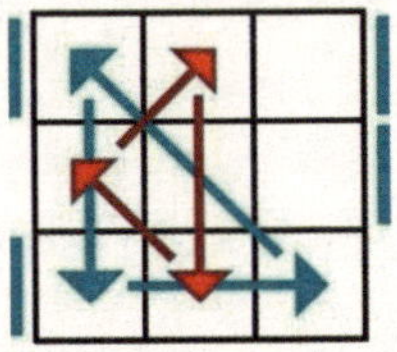 (R' U' R) y (R2 u R' U) (R U' R u' R'2)	特征 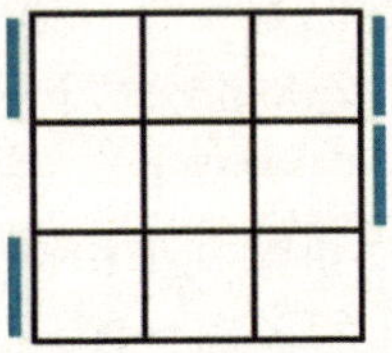 注意线段表示的每个侧面同色的块。

续表

以下两种情况，注意公式中把**括号部分做两次**	
PLL20 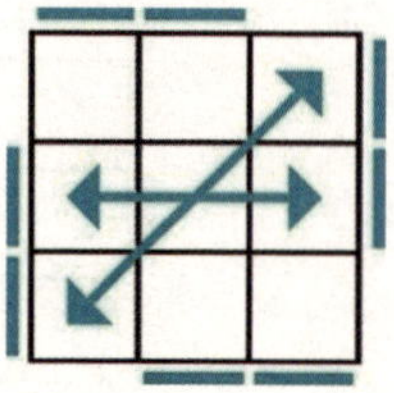 (L U' R U2 L' U R')2 U'	特征 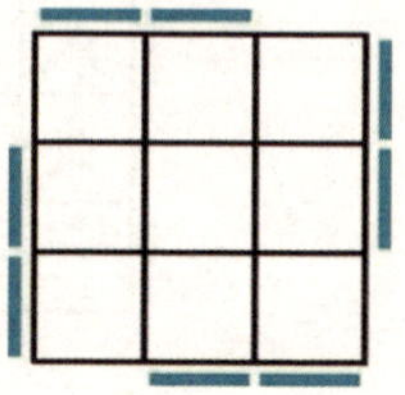 注意线段表示的每个侧面同色的块。
PLL21 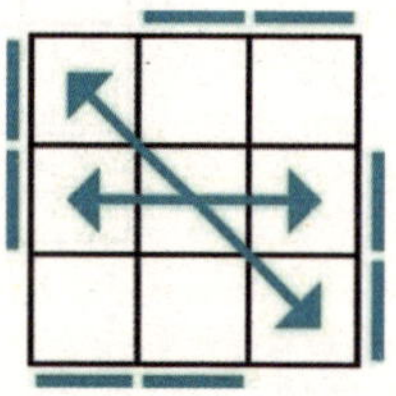 (R' U L' U2 R U' L)2 U	特征 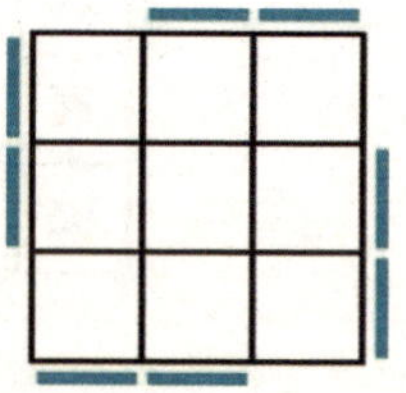 注意线段表示的每个侧面同色的块。

06　公式原理篇

学习了CFOP中这么多公式，可能大家会觉得玩魔方玩得快，无非就是背公式背出来的，一点意思都没有。其实公式并不是像大家所想的那样枯燥死板，其中也包含很多有趣的规律和道理。而这些规律可以帮助你更好地理解公式，记住公式，甚至创造公式！

下面讲解几个构造公式的方法，主要是针对F2L、OLL和PLL公式，但对其他公式也有通用之处。

逆公式

一个公式的逆公式是这样得到的：

❶ 先把这个公式的步骤都倒过来写。

❷ 然后把所有步骤都反向（顺时针转变成逆时针转，逆时针转变成顺时针转）。

例如R U R' U'的逆公式就是U R U' R'。

逆公式和原公式通常都是同一类型的公式，例如一个F2L公式的逆公式还是一个F2L，OLL的逆公式还是一个OLL。

PLL01和PLL02就是互为“逆公式”。

PLL01

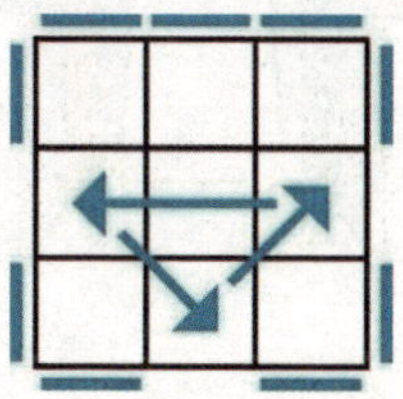

(R U' R U R U) (R U' R' U' R2)

PLL02

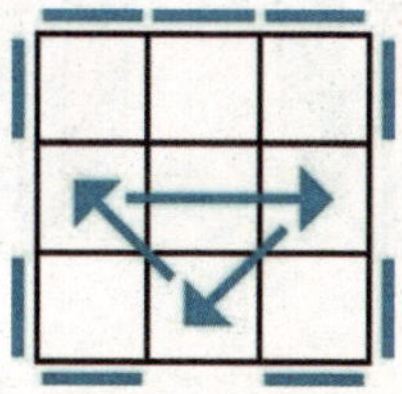

(R2 U R U) (R' U' R' U' R' U R')

而在一个复原的魔方上做一遍逆公式，得到的就是它的原公式对应的情况。如在复原的魔方上做一遍PLL02，顶层会出现PLL01的情况。

因此把原公式做一遍，再做一遍它的逆公式，魔方就会回到原样。

逆公式是最简单的一个构造公式的方法，通常可以用在同类型的公式上，把某公式“取逆”，就得到了同类型的一个新公式。而在后面介绍的Set up/Reverse法中逆公式也有应用。

镜像公式

“镜像”就是指对称，可以是左右对称，也可以是前后对称。

一个公式的左右镜像公式是这样得到的：

❶ 先把公式中的R类转动换成L类，L类转动换成R类。

❷ 然后把所有步骤反向（顺时针转变成逆时针转，逆时针转变成顺时针转）。

“前后镜像”公式则是F类和B类互换。

和逆公式一样，镜像公式和原公式也是相同类型的公式。例如F2L中的四个基本情况就是两对左右镜像公式。

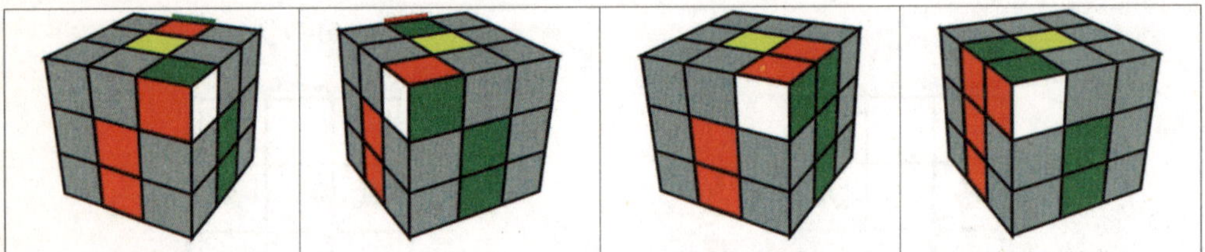

R U R'	L' U' L	U R U' R'	U' L' U L

镜像公式通常用在互相对称的两种情况上。例如两种情况是左右对称的，那么它们的公式就可以用镜像公式。

组合法

通过两个或多个公式的组合来构成新公式，就是“组合法”。这个在F2L公式中很常用，前面介绍过的41个F2L中每个都可以拆分成两个F2L的组合。

例如，U' R U' R' U2 R U' R'公式，如下图所示。

U' R U' R' U2 R U' R'

上图中公式可以拆分成U' R U' R'和U2 R U' R'，这两个也可以作为F2L公式，而且核心部分都是R U' R'，也就是四种基本情况之一的公式。只是前面的U调整的转法不同。同一个公式R U' R'在前后的作用不同，前面的作用是构成“角棱对”，后面的作用是“放入”。因此四种基本情况的作用不只是“放入”，在“构造”部分利用的也是这四种基本情况的公式。由此可见这四种基本情况的重要性了吧！

然后再来看一个OLL。

括号括起来的两部分，其实就是两个F2L公式，如右图所示。前面一个R U R' U'把一个“角棱对”移到了顶层，后面的R' F R F'是以另一种方式把“角棱对”重新放进了槽位。这样就使得顶层的块产生了一些变化，也就是变成了某个OLL公式。

OLL33

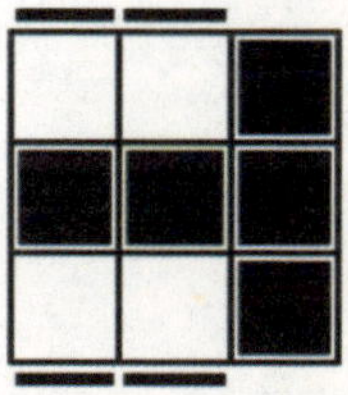

(R U R' U') (R' F R F')

既然两个F2L可以组合成一个OLL，那么两个OLL是不是也可以组合成一个PLL呢？还真的可以哦！我们来看下面一个例子，如下图所示。

PLL08

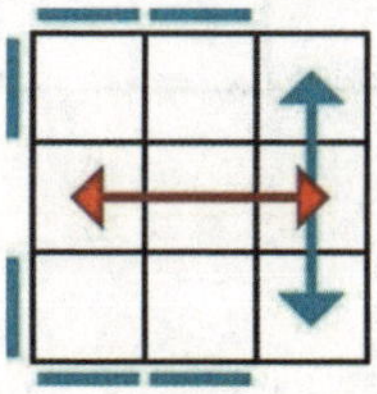

(R U R' U') (R' F R2 U' R' U') (R U R' F')

这个PLL是由R U R' U' R' F R F'和F R U' R' U' R U R' F'这两个OLL组成的，中间抵消合并了几步，因此不太容易看出来。而这两个OLL正好是“互相复原”的关系，也就是说在一个复原的魔方上做其中一个OLL公式，那么顶层就会出现另一个OLL公式的情况，此时再做另一个公式完成OLL，相当于用另一种方式完成翻色，使得顶层的角棱位置会有一些变化，这就产生了某个PLL的效果。

如果把这两个OLL的顺序换一下，就是另一个PLL了，如下图所示。

PLL11

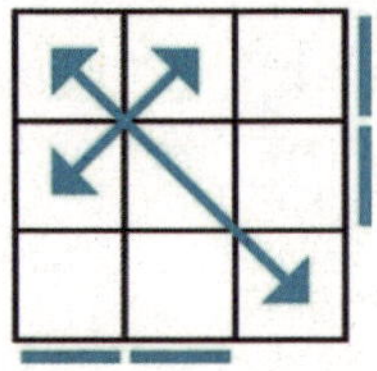

F(R U' R' U') (R U R' F') (R U R' U') (R' F R F')

Set up/Reverse法

1. PLL09的解析

PLL09

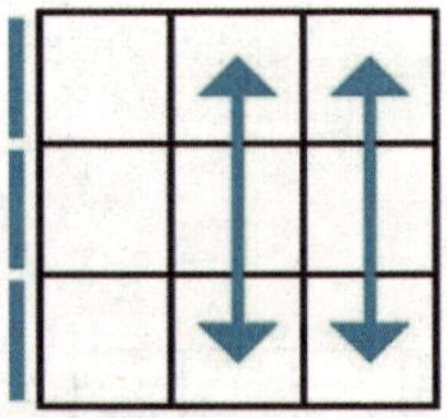

(R' U' F') (R U R' U') (R' F R2 U' R' U') (R U R' U R)

是不是觉得中间和PLL08很像？没错，除了末尾有点不同，从第四步开始完全就是PLL08！

那么前三步又是什么作用呢？让我们看看做了前三步后顶层有什么改变（注意需要交换的两棱和两角）。

PLL09的初始状态如下图（左）所示，做了R' U' F'后，需要交换的两棱和两角变成了下图（右）所示的样子。

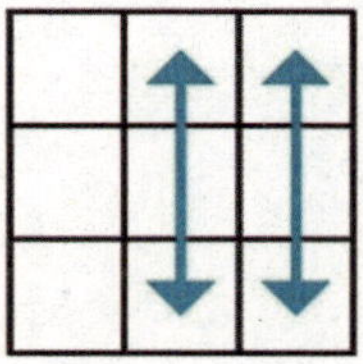
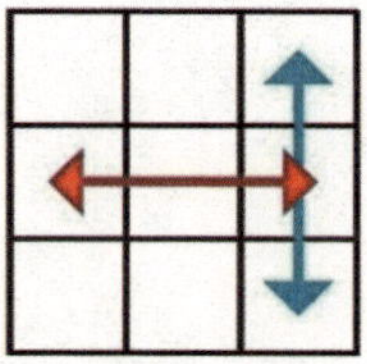

虽然那两个角块的顶面颜色不是朝上的，但两角块的位置仍可以用U和U'互相替换，也就是和顶面朝上是等价的。所以这时就构成了“T”字形交换，也就是PLL08的初始状态。因为PLL08只交换了两棱和两角，并未影响其他块，因此这里即使顶层是混乱的，但只要关键的两棱两角摆对了位置就可以套用PLL08了。

当然做完了PLL08，只交换了两棱两角，顶层依旧是乱的，所以需要做前三步的逆公式 F U R，使其他块恢复原状。

三个步骤加起来就是：

R' U' F' + R U R' U' R' F R2 U' R' U' R U R' F' + F U R

去掉抵消的步骤，是不是就得到了上面的PLL09公式？

这种预先把目标块摆放成特定的位置，然后套用其他公式，最后用逆公式倒着做回去的方法，就是Set up/Reverse法。开头摆放成特定位置的步骤称为“Set up”，末尾倒着做回去让其他块恢复原状的步骤称为“Reverse”。

“Set up/Reverse法”最早应该是在盲拧中应用的，因为盲拧公式都是块与块的交换，因此很适合用各种Set up来构造新公式，甚至是临时公式。而在速拧中，用这种方法可以让一个顺手公式演变出其他的顺手公式，所以这个方法实用性还是很好的。

2. PLL13的解析

接下来我们再用这个方法构造出PLL13的公式。

PLL13

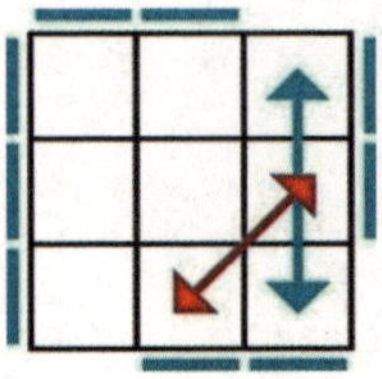

(R U R' F') (R U R' U') (R' F R2 U' R' U')

我把它写成这样的形式：

R U R' F' + R U R' U' R' F R2 U' R' U' R U R' F' + F R U' R'

是不是一目了然啦，中间套用的还是PLL08！而且因为末尾直接抵消掉了四步，使整个公式不会像PLL09那样长。虽然不知道这公式最初是怎么发现的，但是现在看来绝对是set up构造公式中一个最成功的例子！

仔细揣摩开头的四步R U R' F'，也是把要交换的两棱两角摆成了“T”字形，所以都是很简单易懂的原理。

Set up不仅可以用在开头和末尾，公式中间其实也是可以应用的。

3. PLL20的解析

我们来看这个PLL20的新公式：

PLL20

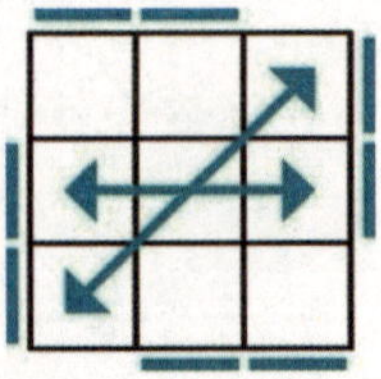

F' R U R' U' R' F R2 F U' R' U' R U F' R'

照着做一遍就感觉和PLL08有点像，但又有点不同，其实就是由PLL08转变过来的！

我将其写成这样：

【F'】+ R U R' U' R' F R2【F】U' R' U' R U【F'】R' F' +【F】

会发现有两对Set up/Reverse，分别在开头末尾和中间的位置。

首先标记一下三个相关的角块A、B、C、D。PLL20的目标是交换A和D两个角块。

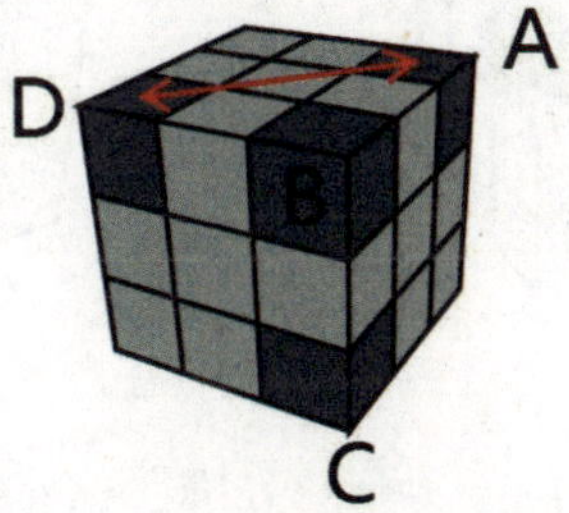

开头和末尾的【F'】和【F】很好理解，就是简单的Set up/Reverse，由于PLL08的作用是交换A和B两个角块，做F'使得角块C跑到了角块B的位置，因此从AB互换变成了AC互换。

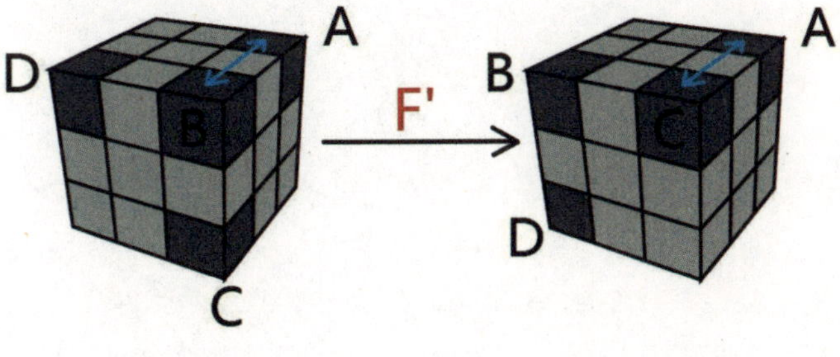

然后接着做PLL08的公式，但中间的Set up【F】和【F'】又是怎么回事呢？

注意中间两个框起来的F之间的步骤：U' R' U' R U

这五步的特点是：对于F层的八个块，只有右上方的角块被换出去，其他块都保持不变。

如果不做【F】，那么换出去的角块将会是角块C，换进来的是角块A。而利用F层只变动了一个角块的特点，可以做【F】使得被换出去的角块变成角块D。F层的其他七个无关块此时只是暂时被挪了位置，然后在做完这五步让角块D被角块A替换出去后，再做【F'】Reverse回来，让F层的其他七个无关块再回到原位，这样就不会对它们产生影响，而只是变动了角块C和角块D。正是这样一个“偷梁换柱”，使得从AC互换变成了AD互换，也就达到了PLL20的目的。

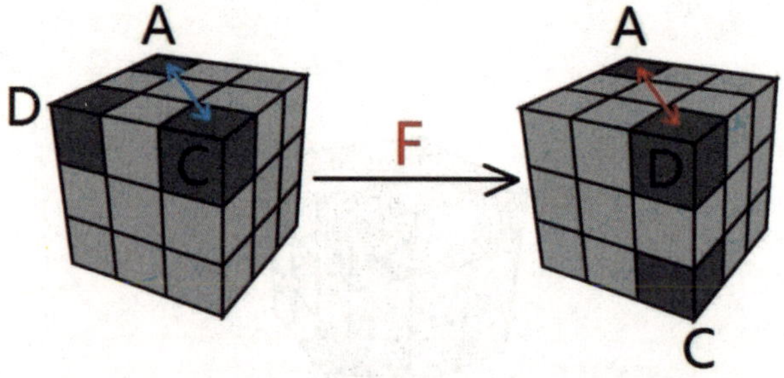

通过这两次Set up/Reverse，把PLL08的“AB角互换”逐步转换成了PLL20的“AD角互换”，而互换的棱块保持不变，最终就产生了PLL20的效果，也就是PLL20的一个新公式！

Chapter 05

其他魔方的还原与花式玩法

01 二阶魔方的还原

二阶魔方的英文名是Pocket Cube，它是阶数最小的立方体魔方。二阶魔方的每条边上有两个块，一共有8个块，而且都是三个面的“角块”。因此二阶魔方可以看做是由三阶魔方的8个角块组成，而中心块和棱块则被隐藏起来了。

层先法

既然二阶魔方相当于三阶魔方的8个角，那么它的复原也就很简单了，完全可以按照三阶的“层先法”来完成复原。由于没有了棱块，因此二阶魔方的“层先法”相比于三阶，缩减到了3个步骤，即：

❶ 底角归位

❷ 顶角翻色

❸ 顶角归位

第一步“底角归位”不用说，直接套用三阶“层先法”的“底角归位”公式即可。

第二步“顶角翻色”，也可以叫OLL。和三阶层先的顶角翻色一样，共有7种情况，而公式也可以套用三阶“顶角翻色”的那7个公式，但同时也有更简单的二阶专用公式。

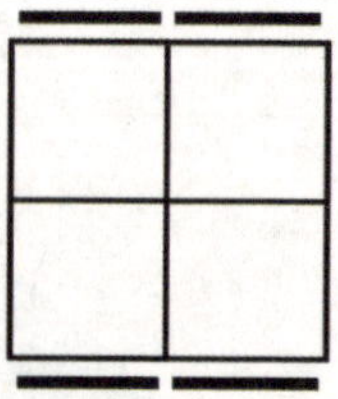	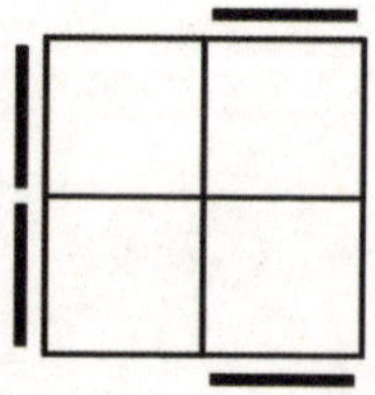	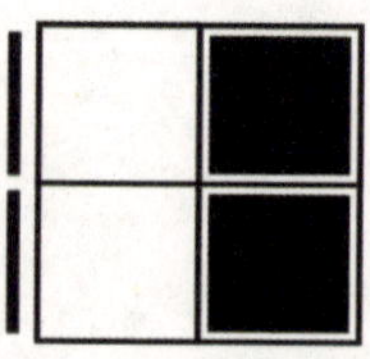	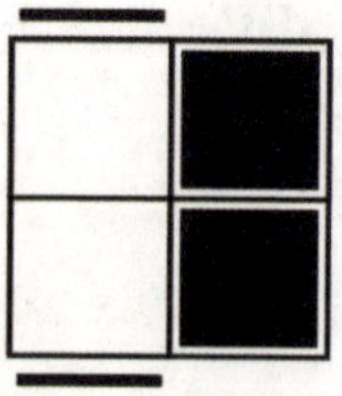
R2 U'2 R' U2 R2	F (R U R' U')2 F'	F R U R' U' F'	R U R' U' R' F R F'

续表

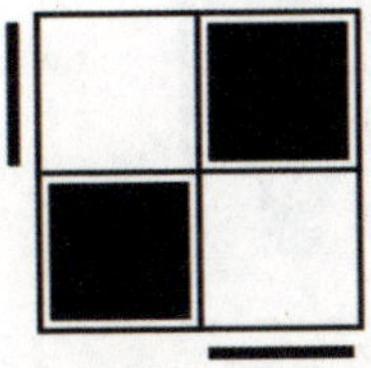	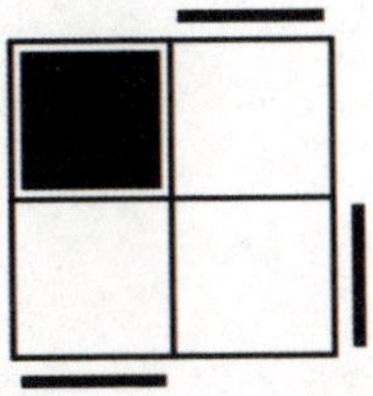	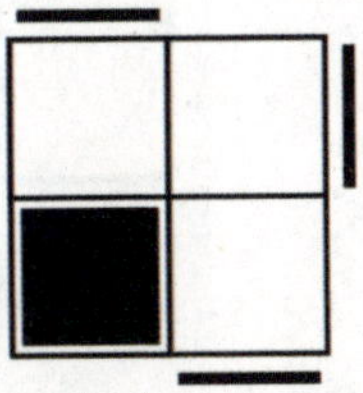
F' R U R' U' R' F R	R' U' R U' R' U2 R	R U R' U R U'2 R'

第三步“顶角归位”只需要用到**PLL08**和**PLL11**的两个公式。

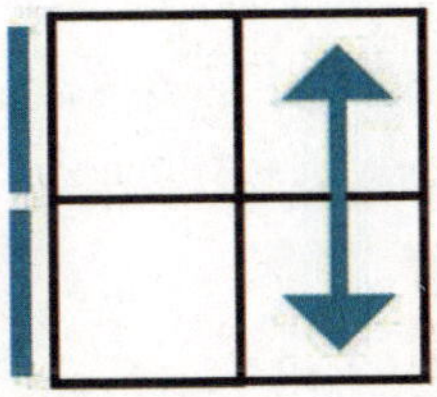	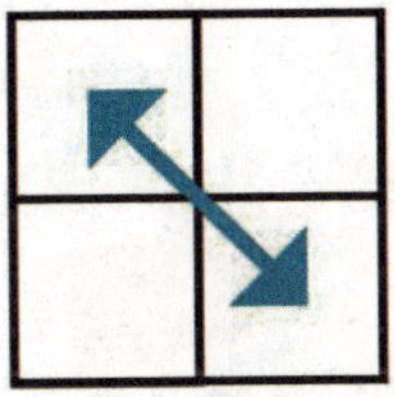
(R U R' U') (R' F R2 U') (R' U' R U R' F')	(F R U' R' U') (R U R' F') (R U R' U') (R' F R F')

面先法

面先法也分三步：

❶ 先做好一个面，注意是一面而不是一层，不用把四个底角都归位，只需要把底角的底面颜色统一朝下即可。不一定要做固定的一种颜色的面，其实可以在六种颜色中，选取最好做的那个颜色来做好一个面，这样会比较快。

❷ 此步和层先法一样，是**OLL**顶角翻色，公式也可以参照上面。

❸ 此步叫做**XLL**，是把上下两层的**8**个角同时调整归位。在做好上下两个面后，顶层或底层的角块只有两种情况：

邻角换：相邻的两个角块需要交换	对角换：相对的两个角块需要交换
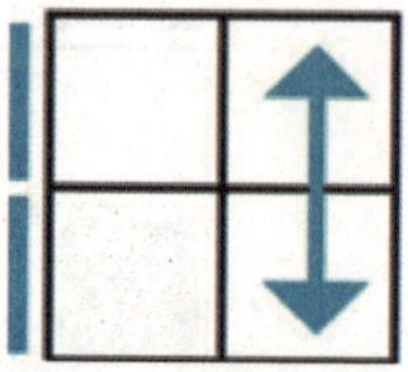	
上图左边两个不需要交换的角块朝向左边的颜色是相同的，因此“邻角换”特征是某个侧边的两个色块同色，形成“一条”。	上图中四个侧边都没有同色的色块，因此“对角换”特征是四个侧面都找不到“一条”。

了解了上面两种情况，就可以开始学习XLL的公式了。XLL公式很少，除了包含层先法最后一步中的两个PLL公式，只需要再记三个新公式：

XLL情况的判断，就是通过观察顶层或底层的某个侧面是否同色的“一条”。		
顶层和底层都没有同色的条	底层没有，顶层后方有一条	顶层和底层后方各有一条

R'2 F2 R2	R' U L' U2 R U' L	R2 U' R'2 U'2 y R2 U' R'2

XLL的观察技巧：XLL情况的判断是根据顶层或底层某一侧面的同色情况，因此可以在第一步做底面时，就可以预先观察好底层的同色情况，然后做完OLL后再看一眼顶层的同色情况，就能判断出是哪种XLL了。

面先法和层先法比较起来，由于做一面比一层更简单，因此对OLL情况可以更好地预判，使复原更连贯。最后的XLL新公式也比较短，只要掌握好观察方法，做起来其实比层先法的PLL还要快。因此面先法是最适合新手学习的二阶方法，公式量不大，但进步快，稍加练习，5秒甚至4秒内复原完全有可能。

色先法

色先法也是分三步，但其关键在于第一步。

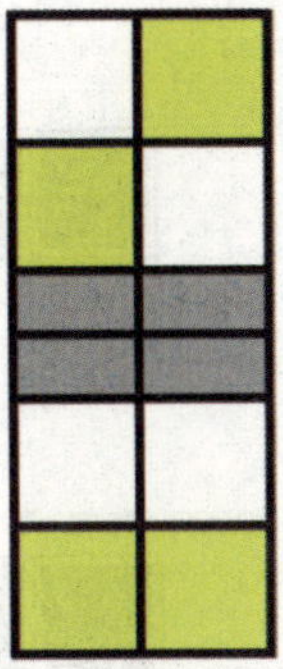

❶ 此步是让8个角块的底面颜色和顶面颜色朝下或朝上，也就是把位置相对的两个颜色看作是同一个颜色，让它们都翻到底面或顶面，完成上下“两面”。但这个“两面”不是真正意义上的“两面”，而是由两种相对的颜色混杂在一起的“两面”。有三组位置相对的颜色可选择：白和黄、蓝和绿、红和橙。以白和黄为例，如右图所示。

上图中中间灰色的代表朝前的侧面颜色，上下两个是顶面和底面的颜色状态。上图可以看到顶面和底面都是白色和黄色，这个就是完成第一步的效果。

这一步具体该怎么做呢？首先要找一个面，这个面上至少有三块相对的颜色，如下图所示。

黑色表示位置相对的两种颜色，如白和黄、蓝和绿、红和橙		
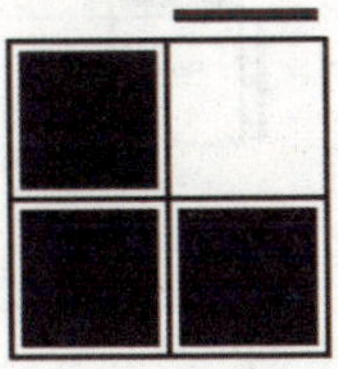	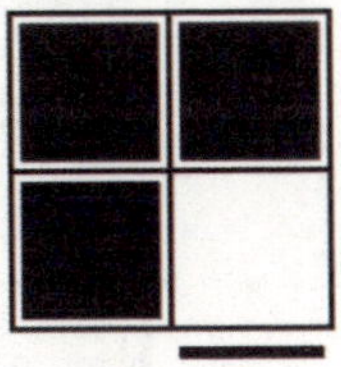	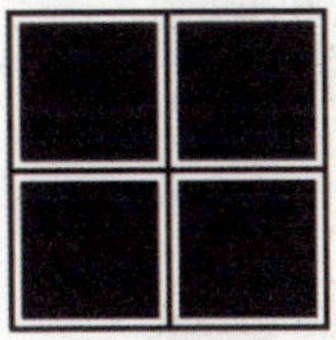
第一种	第二种	第三种

上图的三种情况都是符合要求的。如果找不到这样一个面，那么就用尽量少的步骤构造出这样的一个面。找到这样的一面后，把这个面当做底面朝下放置，然后根据顶面的情况做不同的公式。

前两种情况可以看成是同一种情况，即“空缺了一个位置”。不用管空缺的角块朝向，直接看顶面的情况，根据不同的顶面情况来确定底面的那个“空缺”位置放在哪里（底层的右前方或右后方）。最后再做对应公式即可。

第三种情况已经完成了“一面”，因此可以直接做OLL的公式完成顶面。

下图是底面空缺一个位置时，顶面的16种情况。

以下8种情况需要把底面的**空缺位置**放在底层**右前方**			
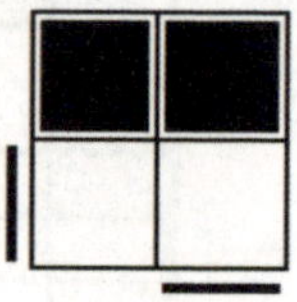 R U' R'	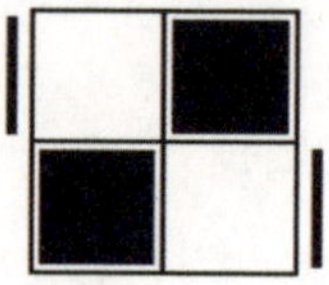 R U R'	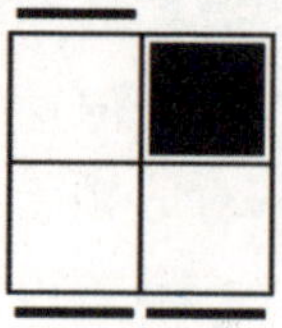 R U2 R'	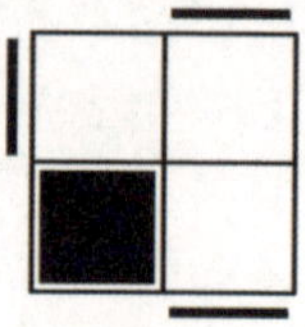 R2 U R'
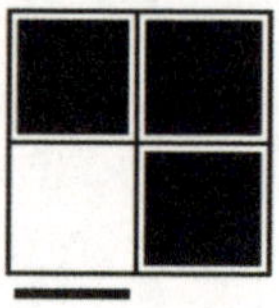 F R U' R'	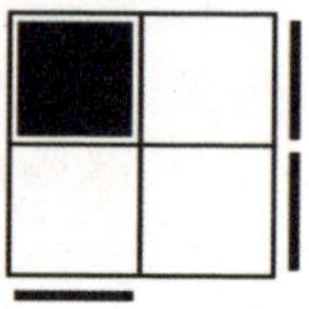 R' F R2 U' R'	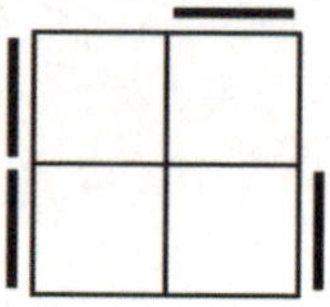 R U' R U'2 R'	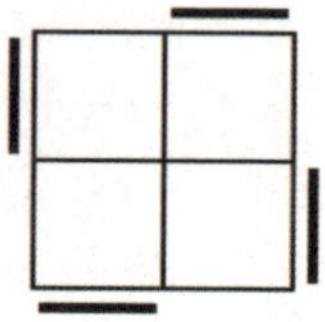 R' U'2 F R2 U' R'

以下8种情况需要把底面的**空缺位置**放在底层**右后方**			
 R' U R	 R' U' R	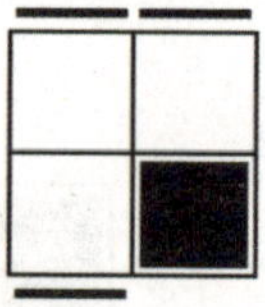 R' U'2 R	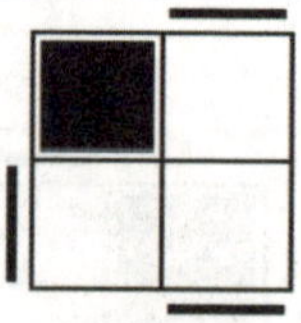 R2 U' R'
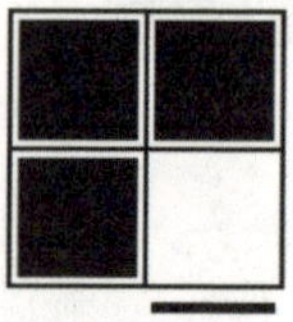 R' F R' F	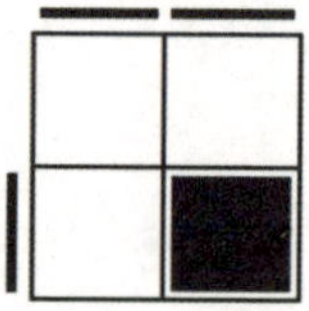 R'2 F2 U' F	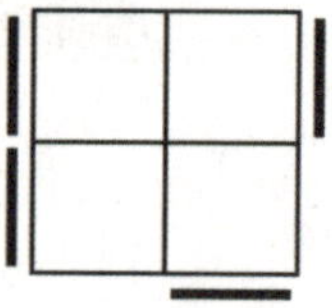 R' U R' U'2 R	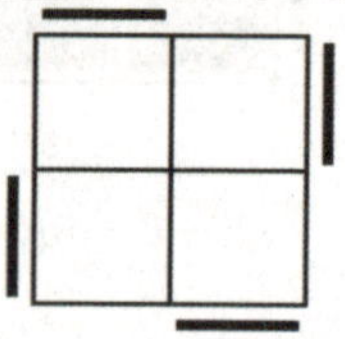 R U' R' F R'2 F

❷ 此步就是要把两种颜色分离开了，完成真正意义上的“两面”。

共有4种情况：

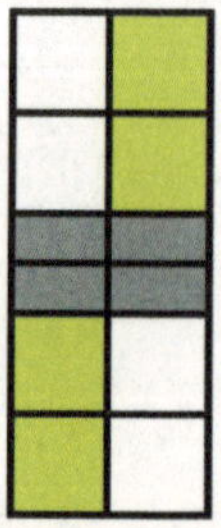 R2	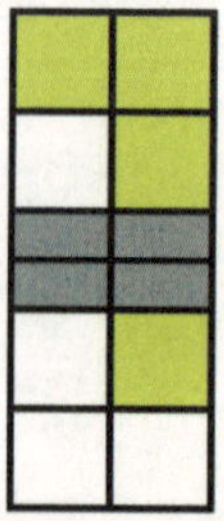 R2 U' R'2	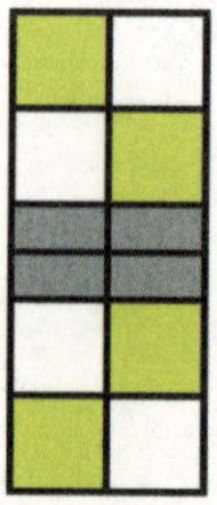 F2 U'2 R2	 R2 U' R'2 U' R2

❸ 此步和面先法一样，是XLL，公式也可以参照上面。

色先法的优势在于把第一步公式化，充分利用了复原前的观察时间，使得较多的步骤都能提前预知，因此在速度上可能会比面先法更快。

CLL法

CLL法是在层先法的基础上，把后两步合并为一步，也就是CLL。第一步和层先一样是做一层。第二步直接用一个CLL公式就能完成复原了。

步骤的缩减意味着复原时间的减少和公式量的增加，CLL共有40种情况。CLL的观察是靠“找对色和同色”，通常只需要选四个位置的色块来观察，就能判断是哪种CLL。

下面将40个CLL的图示和公式按照7个OLL的形状分成7类。

注 意

以下图示中的黑色线段表示在侧面的顶面颜色，黑色色块表示在顶面的顶面颜色。按照标出颜色的四个色块的“同色”和“对色”关系，来区分每一类中的每一种情况。

R2 U'2 R' U2 R2	F (R U R' U')3 F'	R U R' U R U R' F R' F' R	F R2 U' R'2 U' R2 U R'2 F'

F (R U R' U')2 F'	R' U' R' F R F' R U' R' U2 R	R U' R' F R' F R U R' F R

续表

R U' R U' R' U L' U R2 U'	R U2 R' U' R U R' U2' R' F R F'	R' F2 R U R' F' R U2 R U' R' F

		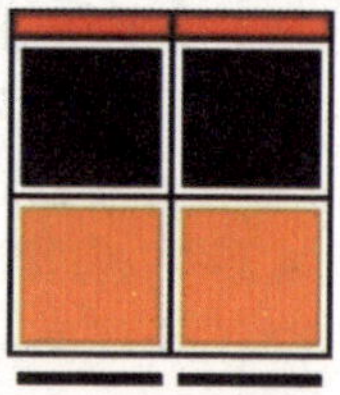
F R U R' U' F'	R'2 F2 R U R' F U' R U R2	F R U R' U'2 F' R U' R' F
	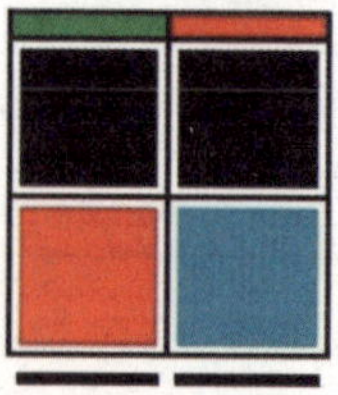	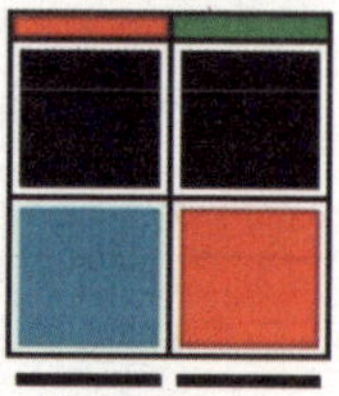
R U' F U' R' U x U' R' U	R2 U R' U' R2 U' y R' F2 R	R U'2 R' U L' U2 R U' R' U2 L

		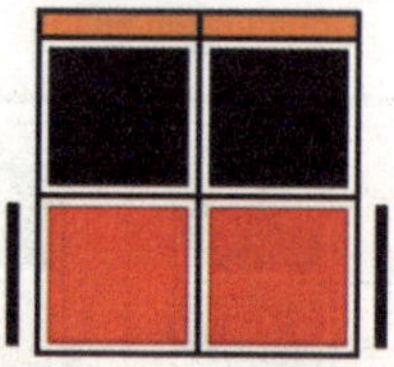
F R U R' F U' F' R U' R'	R' F R U'2 R'2 F R U' R	R' U R' U'2 R U'2 R' U R2 U' R'

R U' R' U' R'2 F R F' R U' R'2	R U R' U' R' F R F'	R' F' R U R U' R' F

R U'2 R'2 F2 R U' R U'2 R' F

R' F2 R2 U'2 R' U R' F2 R F'

R U'2 R'2 F R F' R U'2 R'

R'2 U' R U2 R' U'2 R U' R'2

F R' F' R U R U' R'

F' R U R' U' R' F R

R' U' R U' R' U2 R

R U2 R' F R' F' R U' R U' R'

R' F R F R2 U' R' F R' F2

R U'2 R' U2 R' F R F'

F' R U R' U'2 R' F2 R

R' F R F' R U R'

R' U'2 R U R' U R

R' F R'2 F' R U'2 R' U' R2

R' F U'2 R U R' U'2 R' F' R2

续表

R' F2 R U2 R U' R' F	F R' F' R U2 R U'2 R'	R U' R' F R' F' R

EG法

EG法是CLL法的衍生方法，它是把第一步换成了做一面，第二步直接复原。而第一步的做一面意味着底层会出现三种情况：邻角换、对角换和全部归位。

如果底层是全部归位，就相当于做了一层，那么第二步就能直接套用CLL。而如果底层是邻角换或对角换，那么就要做另外两套新公式：EG1和EG2了。

因此，总的公式量将会是CLL法的三倍！因为公式太多，因此这里就不贴出来了，大家如果有兴趣可以到网上搜索。

这个方法也是目前世界上二阶高手们所采用的方法，由于第一步的一面很容易，通常他们都能预判到第二步，也就相当于在观察阶段就已经知道了所有的复原步骤，因此速度可以达到2秒甚至1秒！但由于公式量大，想要熟练掌握EG法，需要付出大量的时间来熟悉公式和练习，因此EG法只适合那些追求二阶速度极致的魔方玩家。

对于大多数魔方玩家来说，CLL法就已经能让你的二阶复原速度足够快了。

02 四阶魔方的还原

四阶魔方介绍

四阶魔方是由匈牙利数学家Peter Sebesteny发明的4×4×4立方体魔方。四阶魔方的英文名是Rubik's Revenge，直译是“鲁比克的复仇”，意思是这个魔方比三阶魔方（Rubik's Cube）更难，以此来吸引消费者。

四阶魔方相比三阶魔方，每个面的中心块变成了4个，每条边上的棱块变成了2个，角块数量不变。整体是4×4×4的立方体结构。

四阶魔方以及更高阶魔方的复原方法都是“降阶法”，如下图所示：

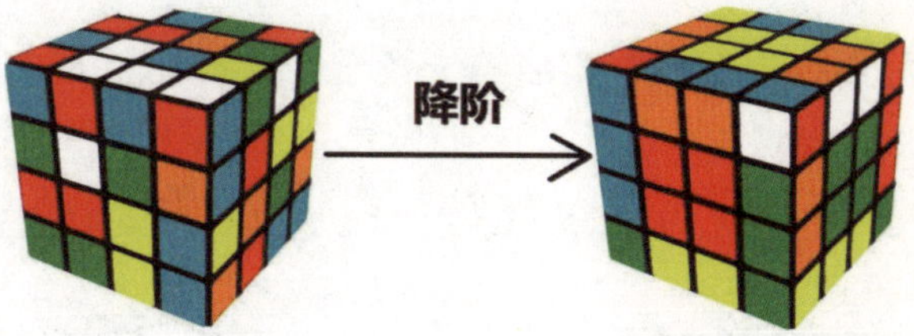

所谓“降阶”就是把四阶魔方相同的中心和棱块都合并在一起，这样就变成了三阶魔方，然后就可以接着用三阶魔方的复原方法进行复原。因此四阶魔方的复原分为三个步骤：**对中心、对棱、三阶部分。**

四阶魔方的转动符号

由于四阶魔方的每个中层是由两层组成，因此中层转字母M、E、S表示的是中间两层一起转。小写字母表示的是连同两个中层一起的三层转，例如r表示右边三层一起转。而“外层+一个中层”的两层转表示方式为**大写字母后面加上w**，例如**Uw**表示上面两层一起转。

对中心

四阶魔方还原的第一步是把六个中心都对好。而由于四阶魔方是偶数阶魔方，所以中心的位置是不确定的，任何一面的中心都可以换成某种颜色，因此在对中心时要注意**各个颜色中心的相对位置关系要严格按照标准配色（上白下黄左橙右红前绿后蓝）来确定**。各个面的中心颜色不是固定的，但它们的相对位置必须正确，例如白色的对面必须是黄色，如果以白色为底，绿色的左边必须是红色。初学者可以拿一个三阶魔方放在旁边进行参照。

为了更方便地对中心，六个中心要按一定的顺序来对。先做位置相对的两个中心，然后依次做剩下的四个中心，也就是“**先2后4**”。

在做每个中心的时候，一般是“**一条一条**”地对，也就是先把两个同色中心块组成“一条”，然后再找另外两个同色中心组成“另一条”，最后把这两条中心合并在一起，这样就完成了一个中心。

（1）我们来做第一个中心。

假设我们首先做白色中心，组成第一条没什么技巧，直接把两个白色中心块连在一起即可，然后放在顶面上，然后做第二条，观察到F面和R面各有一个白色中心块，因此根据它们的位置，做R Uw组成第二条，如下图所示。

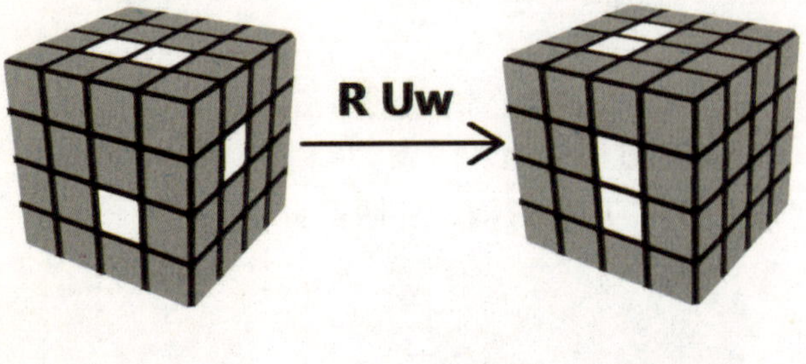

再做Rw把两条白色中心组合在一起，即可完成第一个白色中心。

有时候会出现三个中心块已经对好，只剩最后一个中心块在外面，这时只要让三个中心中的某个中心移动下来，和外面单独的中心组成一条，如下图所示，先做Rw'组成第二条，然后再做F Rw就能完成白色中心了。

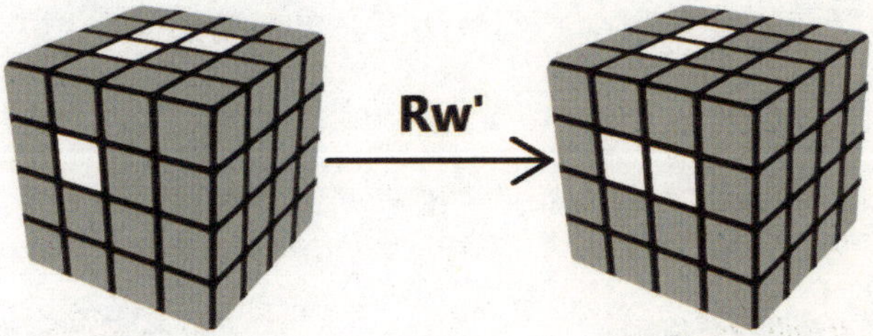

（2）完成第一个中心后，把它放在底面，然后我们要做它对面的那个中心，也就是黄色中心。第二个中心的做法和第一个差不多，只是要**注意不要破坏做好的第一个中心**。有时完成第二条黄色中心后，不能按照第一个中心的做法直接用Rw放上去，如下图所示。

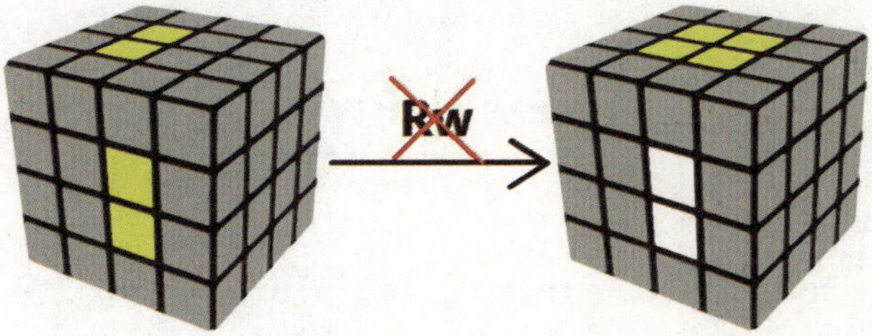

因为上图中，如果做Rw来组合黄色中心的话，在底面的白色中心会跑到侧面来，也就是破坏了做好的第一个中心。因此我们要用下面的做法：

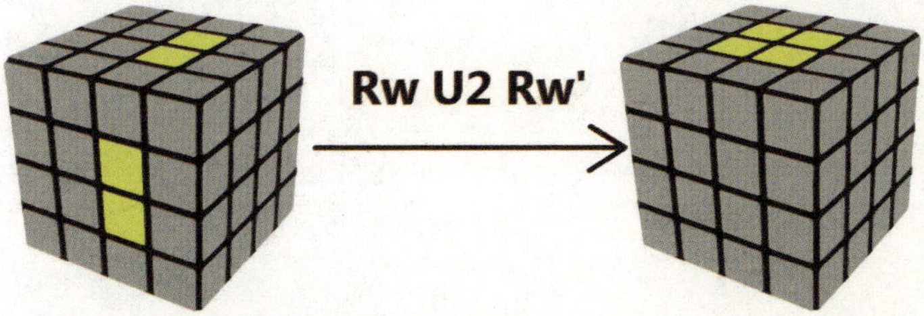

如上图所示，先把两条黄色中心移动到**右侧**，然后做Rw U2 Rw'就能在不破坏白色中心的前提下完成黄色中心。当然也可以把两条黄色中心都移动到**左侧**，

然后做Rw' F2 Rw，是同样的效果。

（3）在完成前两个中心后，我们就要做接下来的四个中心，当然也是在不破坏前两个中心的前提下完成后四个中心。

首先要把做好的两个中心放在左右两边，然后只做x类的整体转，这样做后四个中心会比较顺手。后四个中心的做法可以参考前两个中心，只要注意不破坏前面做好的中心即可。

最后两个中心可能会遇到困难，下面是两种**基本情况**：

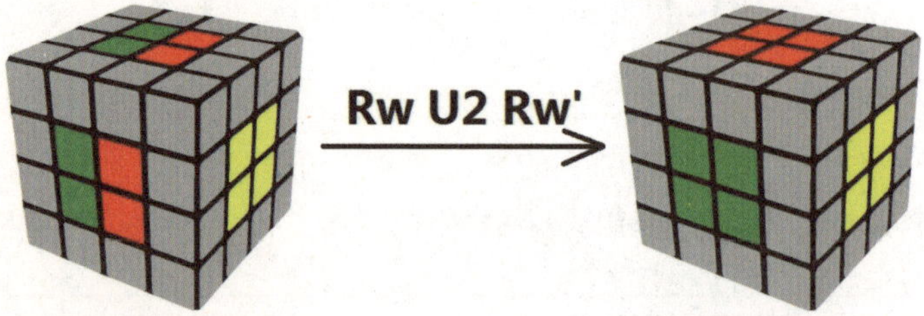

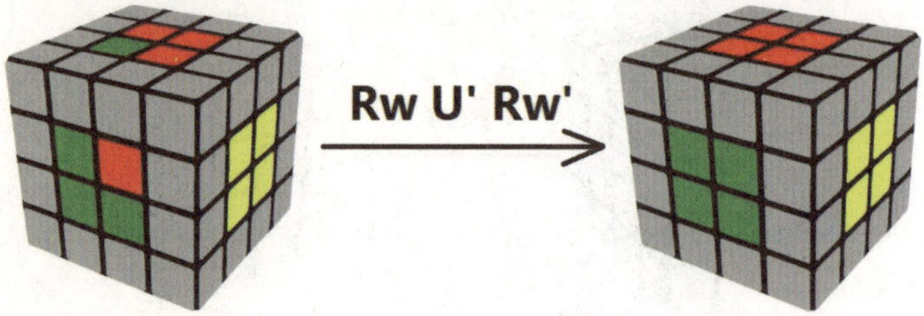

而其他情况都可以通过公式转化成这两种基本情况，如以下两种情况的转化方法。

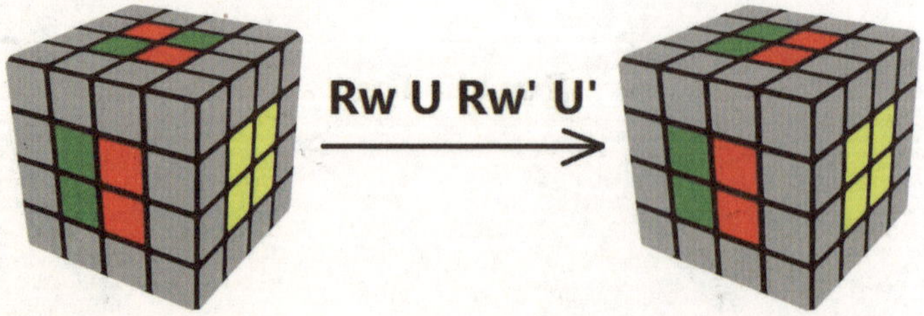

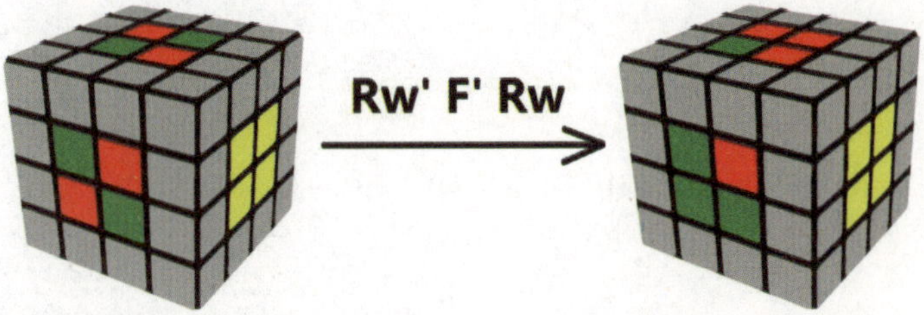

对棱

1. 对棱的基本思想

四阶魔方的对棱有个基本思想就是“**错开—放入—合并**”。

假设我们要合并下图（左）所示的两个“白蓝”棱，那么首先第一步就是“错开”：也就是转Uw使中层的颜色错开，如下图（右）所示。

第二步是“放入”：如同做F2L一样，把在顶层的“白蓝”棱放入右前方的槽位中。注意两个“白蓝”棱要在不同的两个中层，如下图（左）所示。

第三步是“合并”：转Uw'把中心重新合并好，同时两个“白蓝”棱也对好了，如下图（右）所示。

为了让“放入”后的两个棱块是“处在不同中层”，也就是“错层”的关系，根据两个棱块在同一面的颜色关系，有**两种“放入”方式**：

（1）两个棱块在F面的颜色相同，如下图，两个“白蓝”棱在F面的颜色都是白色，因此放入方式为R U' R'。

（2）两个棱块在F面的颜色不同，如下图，两个“白蓝”棱在F面的颜色是白色和蓝色，因此放入方式为F R' F' R。

2. 32223对棱法

初学者完全可以依靠理解上面的对棱基本思想，来完成四阶的对棱。但是那样效率太低，容易出错，破坏之前对好的棱，而且遇到“只剩最后两棱”的特殊情况的话，就处理不了了。因此这里介绍一种最常用也是最实用的四阶对棱方法——“32223对棱法”。其中“3”指的是中层完成一次“错开—合并”的过程中对好3组棱块；“2”指的是中层完成一次“错开—合并”的过程中对好2组棱块。

（1）首先我们来做第一个“3”。

在做完中心后，先转Uw'把中层错开，然后观察位于“左前方槽位偏下位置”的棱块，找到它对应的另一个棱块，把这另一个棱块放到右前方的槽位，并且两个棱块是“错层”的关系。**注意在放入的时候要用R U' R'或F R' F' R两个公式**，而不能直接用R'或F，不然会破坏错开的中心。**在顶层找不**

到对应的棱块时，就转z2把底层翻上来找，**注意这时应该放入的位置变成了左前方的槽位**。两个棱块的位置如下图（左）所示（深灰色标示）。下面以“黄绿”棱为例，如下图（右）所示。

首先不要急着合并中心，转一个y，再按照上面的步骤继续找对应的棱，同样放入右前方的槽位，如下图所示。

然后像这样连续做三次，**把三组棱块都在中层“错位”开来**。

最后再合并中心，就能同时把三组棱都对好。

这样就完成了第一个“3”。

在第一个“3”做完后，中层有三个槽位里是三组对好的棱，把剩下的一个“乱”的槽位放在左前方（如果中层四个槽位全都是对好的棱，那么把顶层任意一对未对好的棱用公式L' U L放到左前方的槽位）。

（2）接下来做“2”。

上面介绍的“对棱”基本思想中，是先错开，然后放入，最后合并完成一组棱。那么我们能不能在错开的时候就先对好一组棱，然后在合并的时候又对好另一组棱呢？这个就是“2”的做法：放入—错开—放入—合并

❶ 放入。不错开中心，直接找左前方槽位中偏下的棱块对应的另一个棱块，放入右前方的槽位，如下图（左）深灰色标示的两个位置。

❷ 错开。利用Uw错开中心，同时把深灰色标示的两个棱块对好，并准备找咖啡色标示位置的棱块对应的另一个棱块，如下图（右）所示。

❸ 放入。找到另一个棱块后，把它放入左前方槽位，即把刚才对好的那一组棱替换出来，如下图（左）所示。注意放入左前方槽位的公式是上面介绍的两个“放入”公式的左右镜像公式：L' U L和F' L F L'。

❹ 合并。最后再转Uw'合并中心，同时对好第二组棱。这样就完成了一个“2”，也就是对好了两组棱，如下图（右）所示。

（3）接下来要做的就是重复“2”的步骤了。

如果最后还剩三组棱未对好的话，那么直接做“2”的步骤，到最后合并的时候，自然会同时对好了两组棱，这样三组棱就一起完成了，也就是最后的“3”。

如果**最后还剩两组棱未对好**的话，那么用“2”的步骤是解决不了的，这个时候就要用到下面的**特殊公式**了。

如上图，把最后两组棱“同层放置”，也就是同色的两个棱在同一中层，一左一右摆好。然后做公式：Uw' R U R' F R' F' R Uw，就能同时对好最后两组棱了。这个公式两头的Uw'和Uw的作用分别是“错开”和“合并”，而中间部分R U R' F R' F' R的作用是翻转右前方槽位的整条棱。因此整个过程是“错开—翻转—合并”。

其实即使一开始就做2，到最后也能对完全部的棱块，但是为什么一开始要做“3”呢？这是因为第一个“3”把中层的三组棱对好并留在中层，使得后面的“2”只需在顶层和底层找对应棱块，而不用再观察中层。这样就缩减了观察范围，增大了找棱的效率。还有一种对棱方法是“363”，即重复“3”的步骤，第一次合并中心时对好三组棱，第二次“错开—合并”中心时对好6组棱，第三次则用“2”的方法对好最后三组棱。虽然“363”法减少了“错开—合并”中心的次数，对棱的总步数有所减少，但是出现特殊情况（要找的棱出现在中层）的概率较大，因此实用性还是不如32223法。

三阶部分

在完成对中心和对棱后，四阶魔方就变成了三阶魔方，接着就可以用三阶魔方的方法复原了，但是四阶及以上的偶数阶魔方在顶层可能会遇到两种特殊情况。

1. 顶层翻色OLL特殊情况

像上图这两种顶棱的情况，在三阶中是不会出现的，但在四阶魔方中可能会出现，不是魔方装错了，而是由于更复杂的内在原因。在遇到这种OLL特殊情况时，做这个OLL特殊公式：

(Rw U2) x (Rw U2 Rw U'2 Rw' U2) (Lw U2 Rw' U'2) (Rw U2 Rw' U'2 Rw')

这个公式的作用是把顶层前方的棱翻转一下，这样就能回到正常的顶层状态了。

2. 顶层归位PLL特殊情况

在四阶魔方的顶层归位中可能会遇到三阶中不会出现的情况，如右图中的两棱换。

还有其他在三阶中不可能出现的PLL情况，也就是21个PLL之外的顶层排列情况。出现这些特殊情况时，需要做这个PLL特殊公式：

(Rw2 R'2) U2 (Rw2 R'2) Uw2 (Rw2 R'2) Uw2 U2

如果把（Rw2 R'2）表示成MR2的话，也就是M层偏右的那一个单层转180度。那么这个公式可以这样写：

MR2 U2 MR2 Uw2 MR2 Uw2 U2

这个公式的作用是只交换前后两对棱，这样就能回到正常的顶层排列状态了。

高级四阶还原法Yau Method

Yau Method最初是由外国魔友Robert Yau所发明的一种方法，后来由Sebastian Weyer发扬光大，大幅刷新原来由“32223法”保持的四阶平均世界纪录，使得世界上众多高手纷纷由32223法转练Yau Method。因此现在Yau Method可以说是高手间主流的四阶还原法。

Yau Method的复原流程如下：

❶ 复原位置相对的两个中心（其中一个是作为底面的常用颜色），把常用底面颜色的中心放在左手边。

❷ 对好三条底棱并归位（此时因为后四个中心未对好，所以对底棱的方法可以很灵活），把未对好的底棱位置放在顶层左边。

❸ 复原剩下的四个中心（为了不破坏对好的三条底棱，只能用U、R、Rw、r三类转动方式）。

❹ 对好最后一个底棱并归位（此时已经完成了底面十字）。

❺ 按照32223的对棱方法对好剩下的8组棱，相当于只做“323”。

❻ 三阶部分（由于十字已经完成，直接从F2L开始做）。

Yau Method的关键步骤就在于在对中心阶段完成了底面十字，这样做有两个好处：

❶ 使对棱阶段不用管底层，只需在顶层和中层找所需的棱块，而不像32223法那样总是翻转来翻转去，因此后8条棱的对棱速度会比32223法更快；

❷ 对完棱直接可以做F2L，由于观察F2L比观察十字容易得多，因此对棱和三阶部分的连贯性比起32223法更好。

当然，初学Yau Method的魔友可能会在“对三条底棱并归位”和“对后四个中心”这两个步骤上花费较多的时间，因此初学者在这两个步骤上应该多花精力去熟悉和完善，同时也可以找一些网上的相关视频来学习参考。

03 五阶魔方的还原

五阶魔方的英文名是Professor's Cube，是Udo Krell发明的5×5×5立方体结构的魔方。

和四阶魔方类似，五阶魔方每个面的中心块扩展成了9个，每条边的棱块扩展成了3个，角块仍保持不变。因此五阶魔方的复原方法仍然是“降阶法”，步骤仍然是三个：对中心、对棱和三阶部分。

对中心

五阶的对中心顺序和四阶一样，首先对好位置相对的两个中心，然后侧过来把两个中心朝左右放，对好剩下的四个中心。

由于五阶每个面的中心块有9个，因此情况会比四阶复杂得多。五阶的9个中心可以分为如下三类。

最中间的是内中心块，它和轴相连，不会移动，因此相当于三阶的中心块，可以作为标准中心来确定某一面的颜色。因此五阶不用像四阶那样担心各个中心的位置关系是否正确，只要根据内中心块的颜色就能确定每种颜色中心的位置了。内中心块的周围由4个边中心块和4个角中心块包围。

五阶对中心遵循的原则和四阶一样，还是“一条一条”地对。如果把9个中心分成三条，那么最中间一条是由内中心块和两个边中心块组成，两边的两条分别是由一个边中心块和两个角中心块组成。

（1）前两条的做法，大致有三种。

第一种：

首先做好中间一条，然后做边上的另一条，最后把两条中心组合在一起即可。

第二种：

如果发现有三个1×2形状的中心，那么可以这样先组合成2×2，然后再组合成3×2。

第三种：

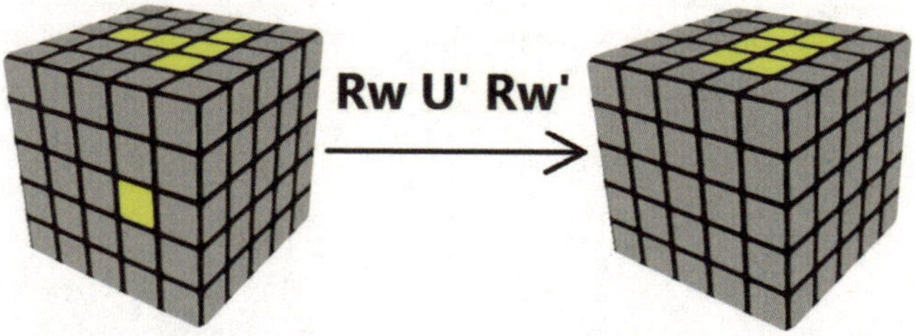

如果发现有“T字形”的中心块排列，那么再找一个边中心块，摆好位置，按照上图的公式就能轻易完成两条中心。

上面三种做法，在实际中不一定要按照某种固定的情况来做，而是根据实际情况灵活选择做法，这样才能更有效率地完成对中心。

（2）最后两个中心，首先要做好其中一个中心的两条，并把两条靠左边放。下面给出几种情况下完成第三条的做法。

下面将用平面图的形式展示最后两中心的情况。

3种基本情况：

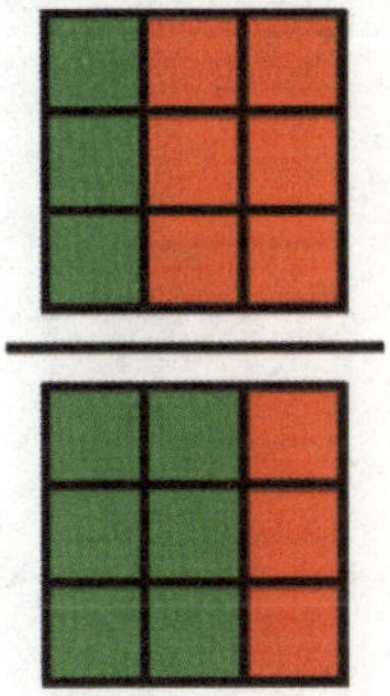	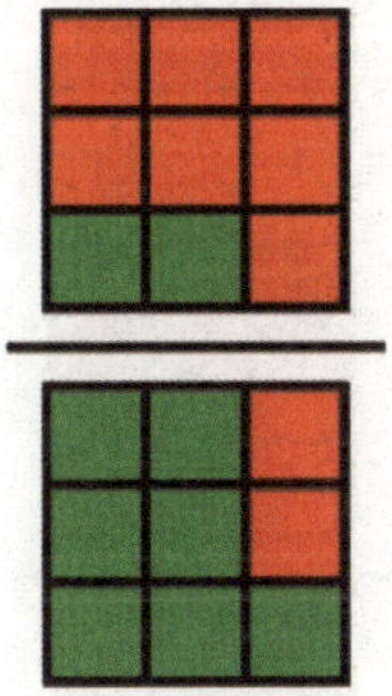	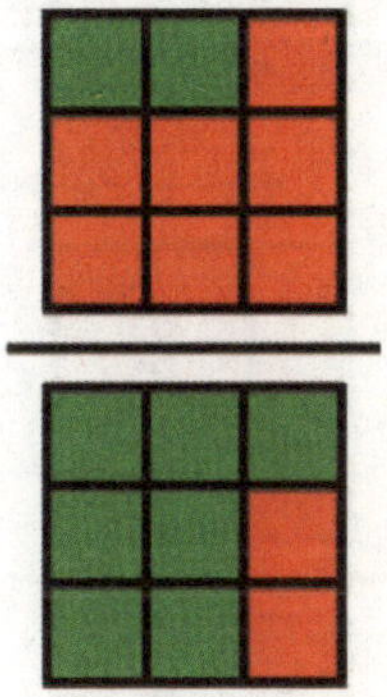
Rw U2 Rw'	Rw U' Rw'	Rw U Rw'

15种其他情况：

	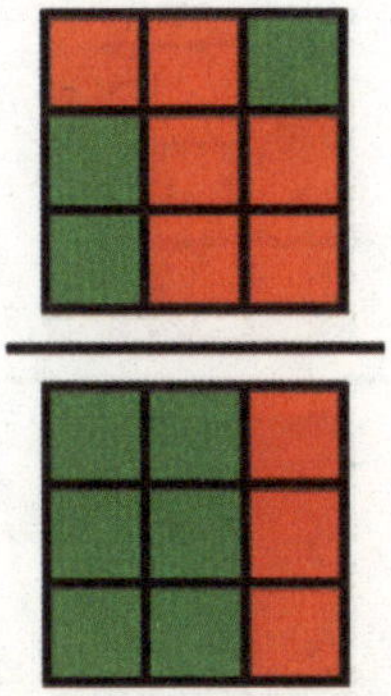	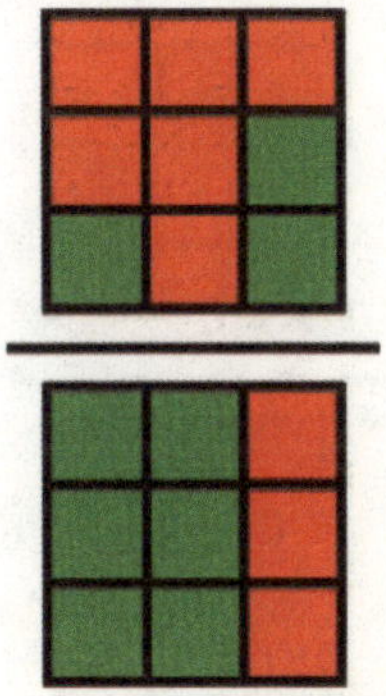
Rw U' Rw' U Rw U2 Rw'	Rw U Rw' U' Rw U2 Rw'	Rw U' Rw' U Rw U' Rw'

续表

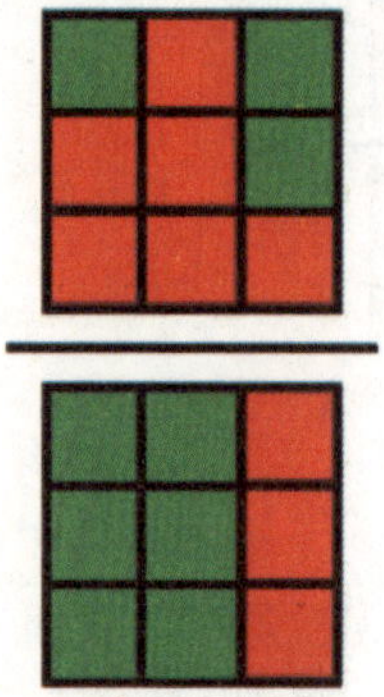 Rw U Rw' U' Rw U Rw'	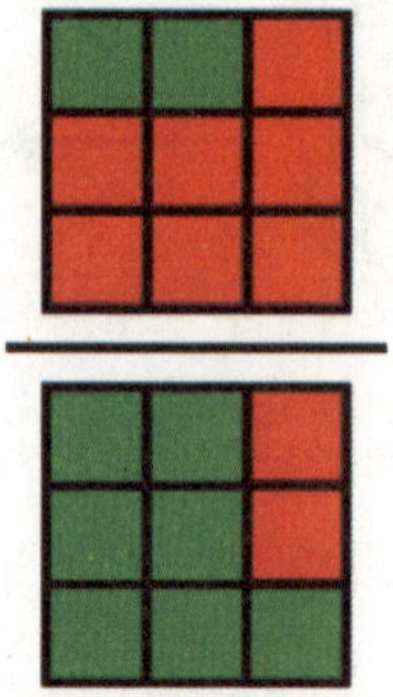 Rw U' Rw' U Rw U Rw'	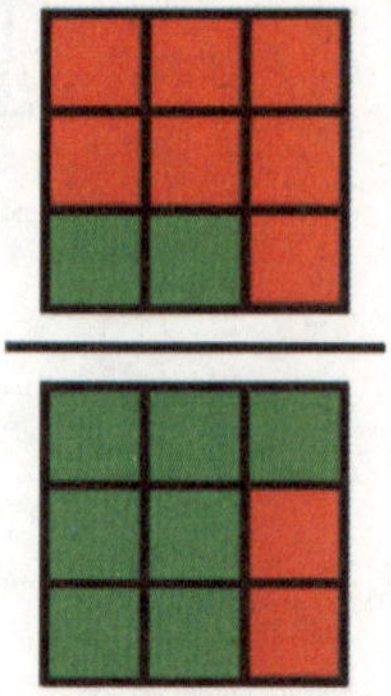 Rw U Rw' U' Rw U' Rw'
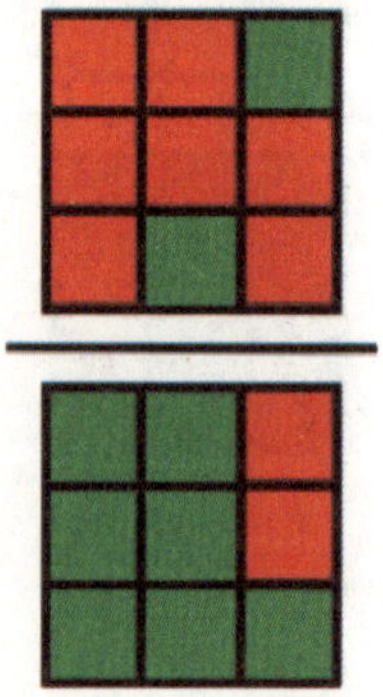 Rw U2 Rw' U' Rw U2 Rw'	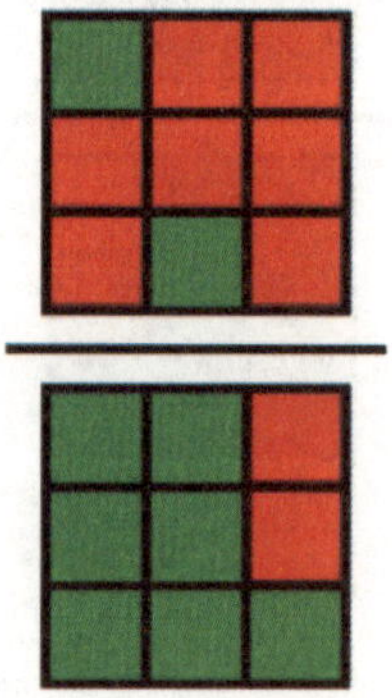 Rw U Rw' U Rw U Rw'	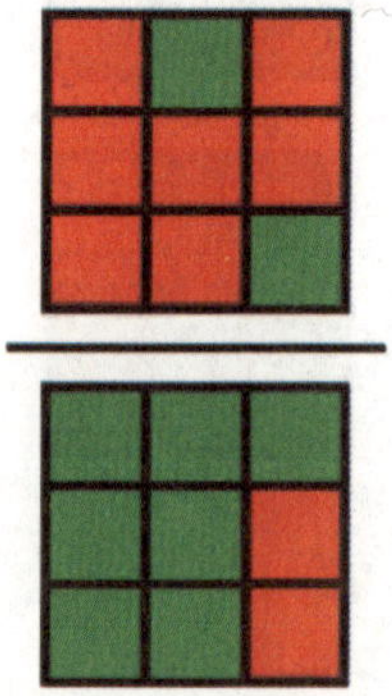 Rw U'2 Rw' U Rw U'2 Rw'
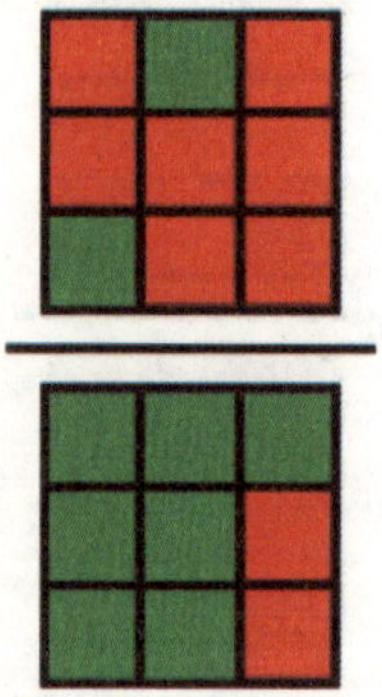 Rw U' Rw' U' Rw U' Rw'	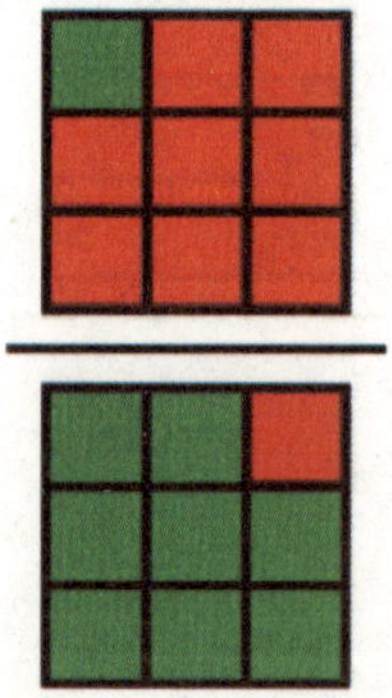 Rw U'2 Rw' U' Rw U' Rw'	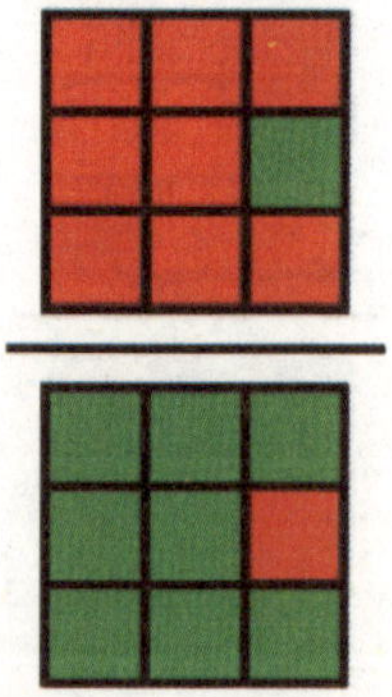 Rw U' **MR** U Rw' U' **MR'** **注：这里的MR指的是M层的最中间一层按照R的方向旋转**

续表

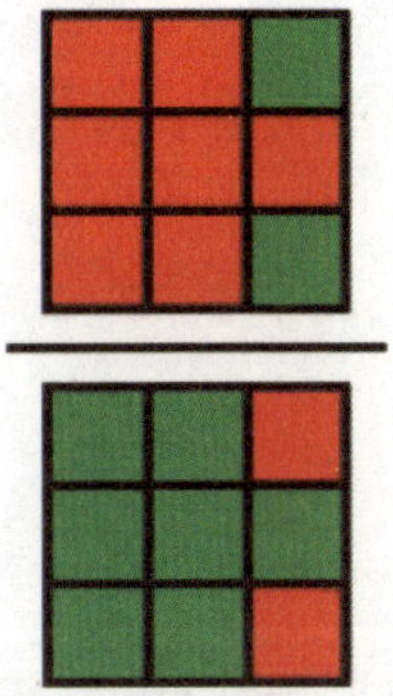 (Rw U Rw' U')2 Rw U Rw'	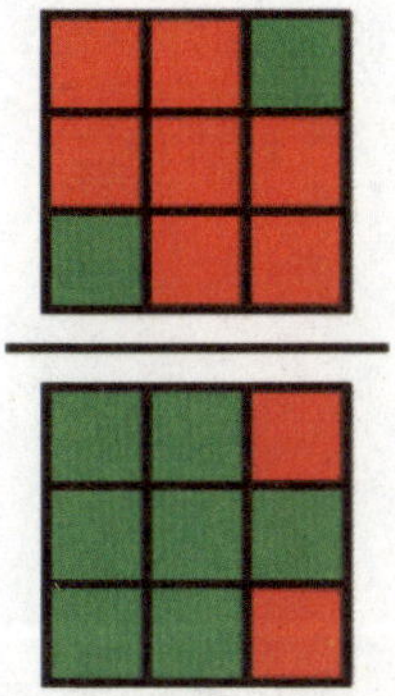 Rw U' Rw' U2 Rw U' Rw'	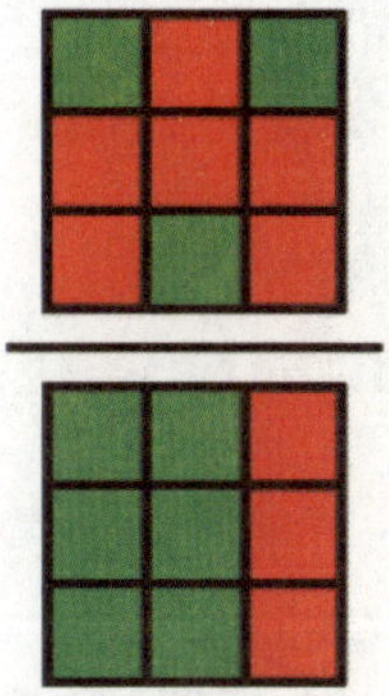 Rw U'2 Rw' U2 Rw U' Rw'

对棱

五阶的对棱方法，目前最常用的只有一种，就是“84法”。

1．对前8条棱

在中层找一个棱块，然后把它对应的棱块放到中层的另一个地方，利用中层的错开来组合棱块，组合好三个棱块后，将对好的整条棱用其他棱替换到顶层或底层。但是在对前8条棱过程中，不需要合并中心。右图是对好前8条棱的效果图。

2．对后4条棱

对好前8条棱后，合并中心，然后利用中层的“错开—合并”来对好中层剩下的4条棱。

其实“84法”和四阶的“32223法”有些相似，同样都是利用中层的错开来组合棱块。但是“84法”在对前8条棱时，**只利用“错开”来组合棱块**，而错开的中心是在前8条棱对好后才“合并”。这样就相当于把这个中层都作为“工作区”，不断地“生产”出对好的棱，然后输送到顶层和底层。这样能更自由地组合前8条棱，不受合并中心的影响。

但为什么四阶不用“84法”呢？其实“84法”是适用于所有高阶的对棱方法，而“32223法”是针对四阶的情况，从“84法”的基础上演变而来的，能有效减少观察范围。“32223法”只适用于每条棱只有两个的四阶，其他高阶不适用。

3. 对前8条棱的方法

下面是对前8条棱的一个例子。

就是利用两次“放入—错开”来组合三个棱块，对好一条棱，然后再把这条对好的棱转移到顶层或底层，但注意不要破坏中层的中心条。也可以先找中层另一个棱块的对应棱块，然后把刚才对好的一条棱替换出去，这样就可以一举两得，既转移好对好的棱，又能继续组合下一组棱，如下图所示。

4. 对后4条棱的方法

在完成前8条棱后，先把中层的中心复位，如下图（左）所示。然后对中层剩下的后4条棱。可以用四阶最后两条棱的特殊公式**Uw' R U R' F R' F' R Uw**来对后4条棱，如下图（右）所示。

左边有两个已经组合好的棱，右边有另一个棱。那么可以这么做：

其中“翻转”的公式是：**R U R' F R' F' R**，这样就对好一条棱了。后四条棱都可以用这个规律来对好。

下面提供最后两条棱的部分情况的一些公式，适合已经熟悉五阶解法，想要提速的魔友进行学习。

首先把最后两条棱在顶层前后放置，然后用俯视图来表示每一种情况，如下图所示。

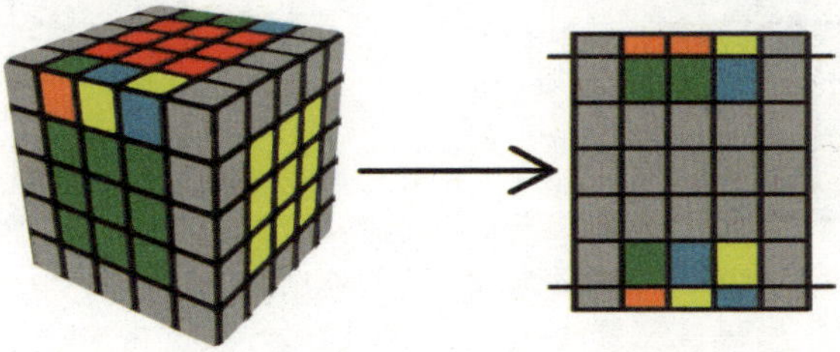

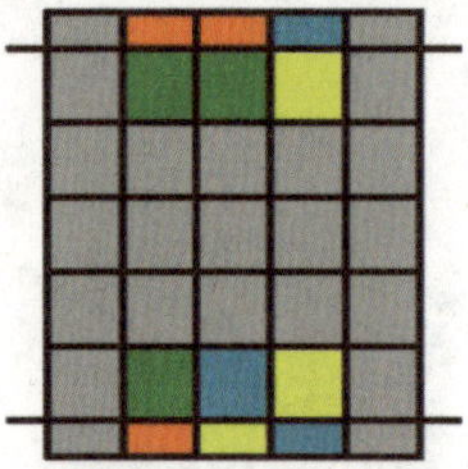

Rw' (U' R U R' F R' F') Rw

Rw x' (U' R U R' F R' F') Rw'

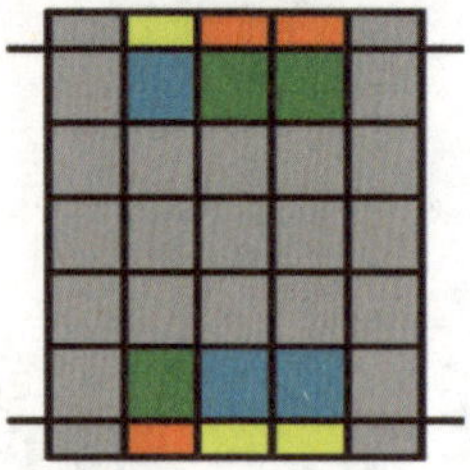

(Rw' U2 Rw' U'2) x' (U2 Rw' U'2)
(**3R** U2 Lw' U2 Rw2)

注：这里的3R表示右边三层按R的方向旋转。

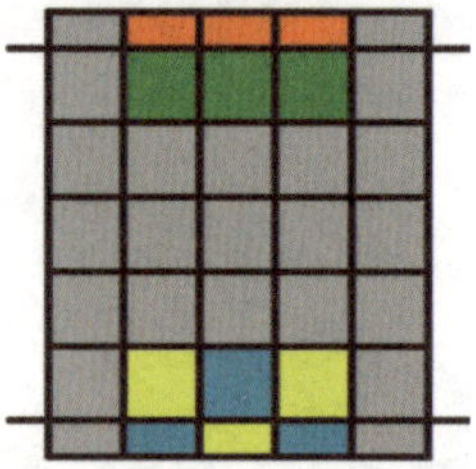

(Rw U2) x (Rw U2 Rw U'2 **3R'** U2)
(Lw U2 Rw' U'2) (Rw U2 Rw' U'2 Rw')

注：这里的3R'表示右边三层按R'的方向旋转。

(Rw U2 Rw2 U'2) (Rw' U'2 Rw U2 Rw' U'2)
(Rw2 U'2 Rw)

(Rw' U'2 Rw'2 U'2) (Rw U2 Rw' U'2 Rw U2)
(Rw'2 U'2 Rw')

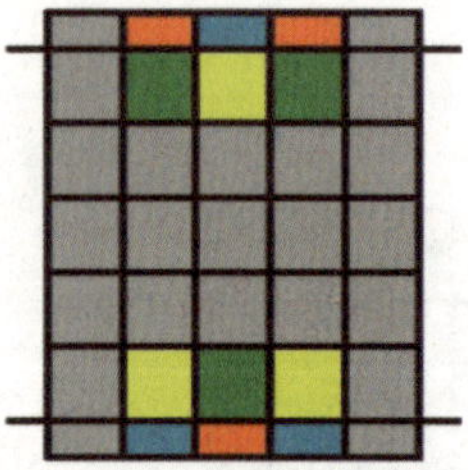

(Rw'2 F2) (U'2 Rw2 R'2 U2) (F2 Rw2)

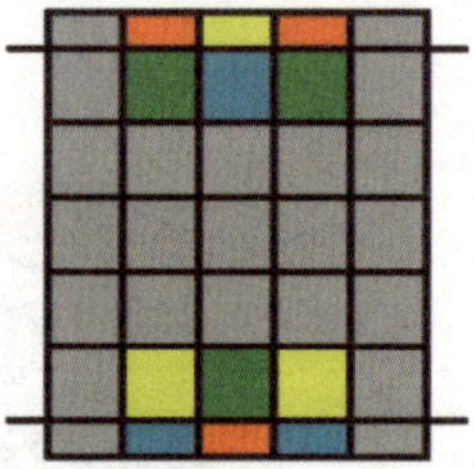

(Rw2 B2 Rw' U2 Rw' U'2) x'
(U2 Rw' U'2 Rw U2 Rw' U'2 Rw2)

续表

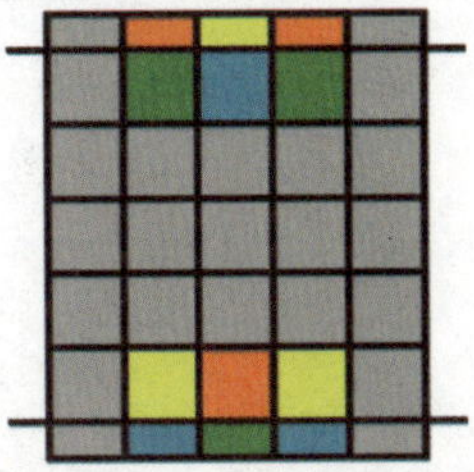 Rw' (U' R U R' F R' F') Rw2 x' (U' R U R' F R' F') Rw'	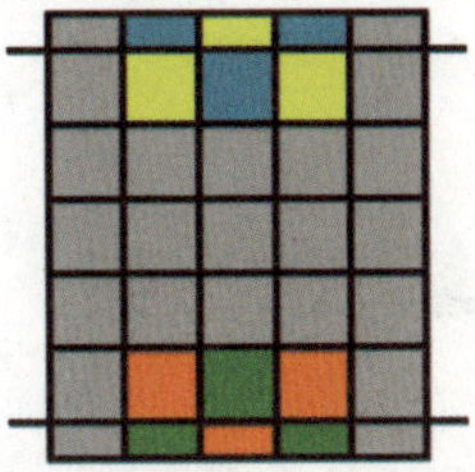 MR' (U' R U R' F R' F') MR 注：这里的MR指的是M层的最中间一层按照R的方向旋转。

上面并非包含所有情况，但是其他情况都可以通过做U2 或F U’ R U来转化成上面中的某种情况。例如：

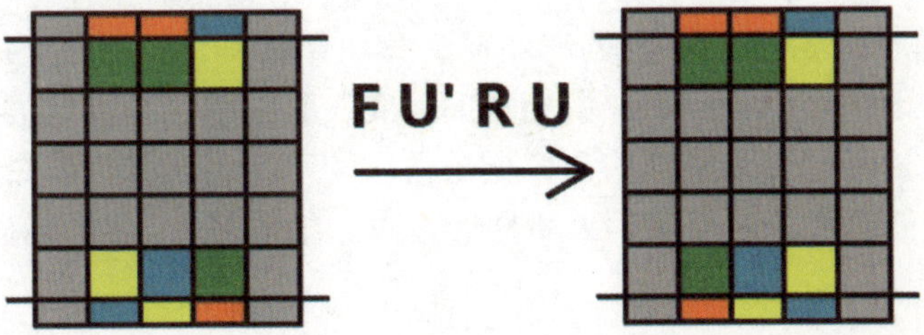

三阶部分

五阶的三阶部分不会出现四阶那样的特殊情况，因此用三阶的方法就能完成复原了。

在学会四阶和五阶魔方的还原后，更高阶的魔方如六阶七阶，都能用同样的方法复原。即对中心是“一条一条”地对，对棱是用“84法”。大家可以尝试着挑战一下！

04 SQ–1魔方的还原

SQ–1魔方的介绍

SQ-1魔方的全称是Square 1，由Karel Hrsel和Vojtech Kopsky在1992年共同发明。它的原名是Back to Square One，意思是“转成正方形是第一步”。这是因为SQ-1在打乱的状态下，通常都不是立方体，而是无规则的杂乱形状。因此复原SQ-1魔方就相当于把每个面的形状“转成正方形”。

SQ-1分为上中下三层，上层和下层各由四个棱块和四个角块组成。其中SQ-1的棱块是一个锐角为30度的三角形，角块是锐角为60度的四边形。棱块和角块只能平移不能翻转，因此它们朝向顶面或底面的颜色是固定的。上图中，顶层的角棱全是黄色朝上，底层的角棱全是白色朝下。因此**黄色和白色就是区分角棱所在层的特征颜色**。中层由两大块梯形组成。下图是各个层的俯视图。

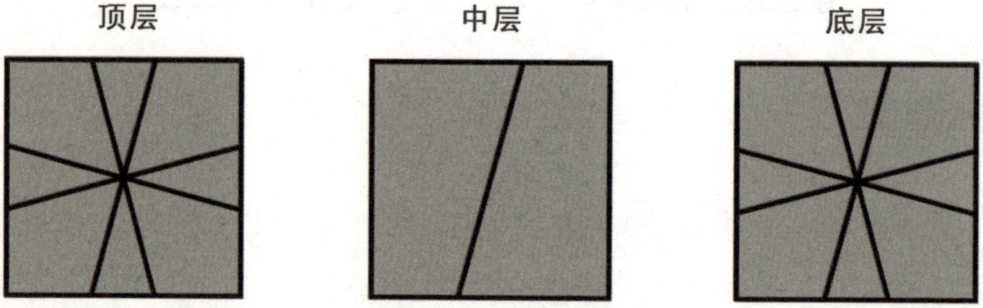

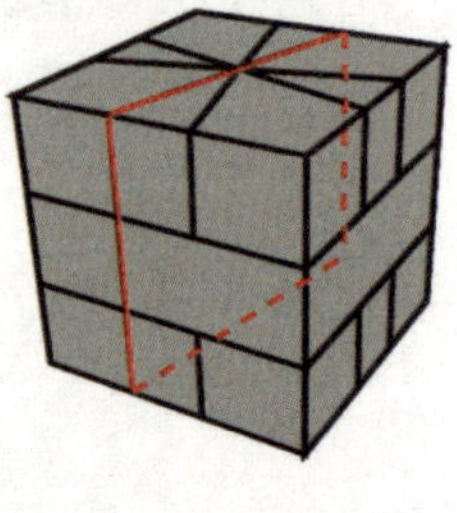

SQ-1的**转动方式**只有三种：**顶层转、底层转、右半部分转（180度）**。且右半部分转动不是任何情况都能转的，只有当三个层的缝隙连成一个平面时才能转，这一点需要注意，如右图所示。

SQ-1的还原分为6步：

❶ 复形 ❷ 角块颜色分离 ❸ 棱块颜色分离

❹ 角块归位 ❺ 棱块归位 ❻ 中层调整

SQ-1的公式形式是这样的：**/(A,B)/(C,D)/(E,F)/…**

斜杠代表右半部分转180度，括号中有两个数字，前一个数字A表示顶层的旋转度数是30度的A倍，后一个数字B表示底层的旋转度数是30度的B倍，正数表示顺时针旋转，负数表示逆时针旋转。

例如/ (-3,0) / (3,3) / (0,-3) /，表示：

❶ 将右半部分转180度；

❷ 顶层**逆时针**旋转3 × 30=90度，底层不动；

❸ 将右半部分转180度；

❹ 顶层**顺时针**旋转3 × 30=90度，底层**顺时针**旋转3 × 30=90度；

❺ 将右半部分转180度；

❻ 顶层不动，底层**逆时针**旋转3 × 30=90度；

❼ 将右半部分转180度。

在做公式时，可以**把数字转化成经过中层缝隙的角棱个数**，一个角块是2，一个棱块是1。例如公式中出现数字3，那个就是转过去一个角块和一个棱块，或三个棱块，这样比起临时计算度数方便得多。

注 意

在握持一个SQ-1魔方时，要保证中层的左半部分是“**小头在前大头在后**”的方向，这样前面的中层缝隙就是靠左的，这样便于做公式。

复形

还原SQ-1的第一步是复形，目标是把无规则状态的SQ-1的顶层和底层恢复成正方形，中层先不管。要完成这一步，首先得把所有角块都集中到底层，在底层形成“六星”，如右图所示。

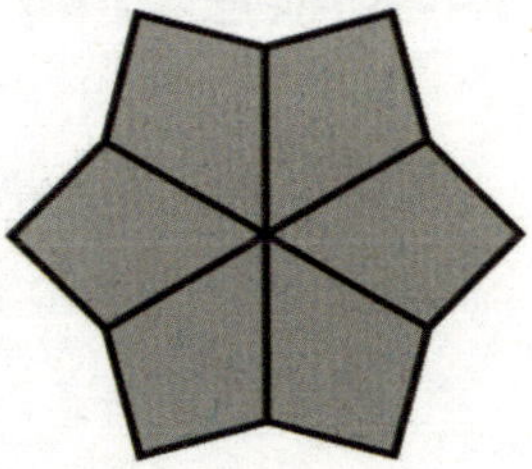

这一步没有什么公式，大家可以摸索一下。

在底面做成“六星”后，根据顶层“落单”棱块的数量，做以下对应情况的公式即可复形。

以下图示展示的是顶面和底面的形状，中间连着的线代表中层的缝隙。

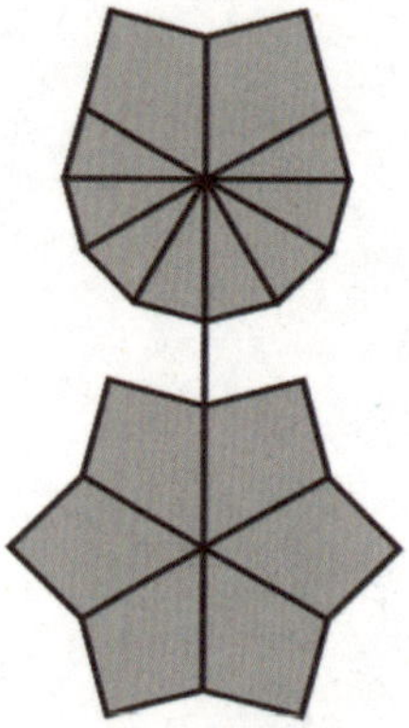

/(-2,-4)/(-1,-2)/(-3,-3)/

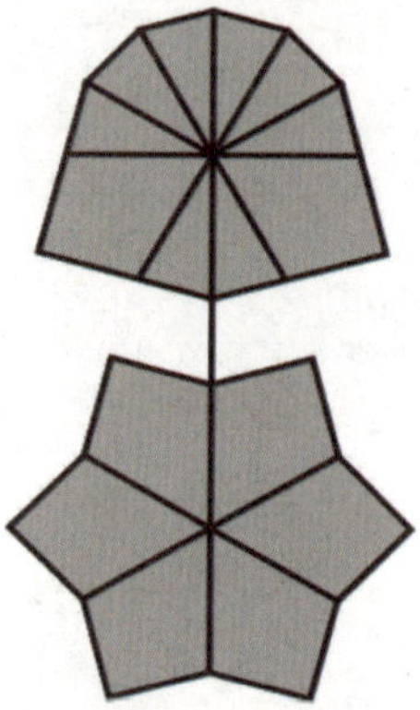

/(-4,-2)/(-1,4)/(-3,0)/

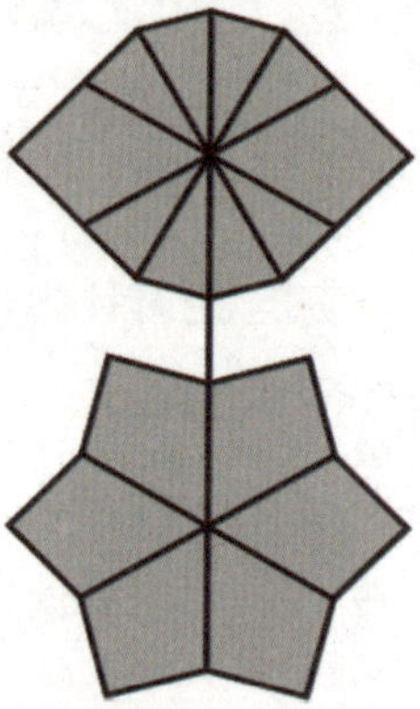

/(2,2)/(0,-1)/(3,3)/

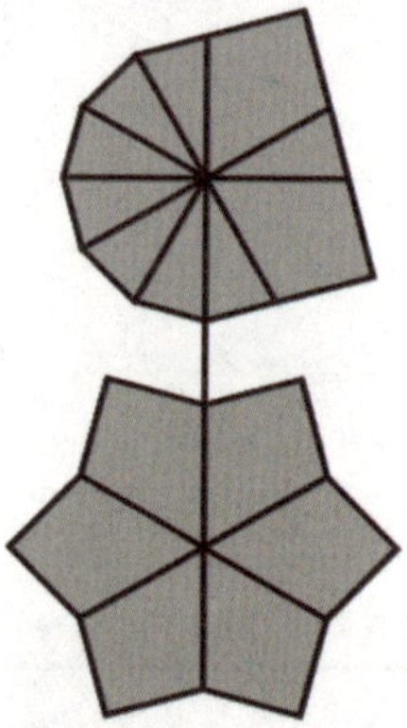

/(2,-2)/(-3,-4)/(4,-3)/(-5,-4)/(6,-3)/

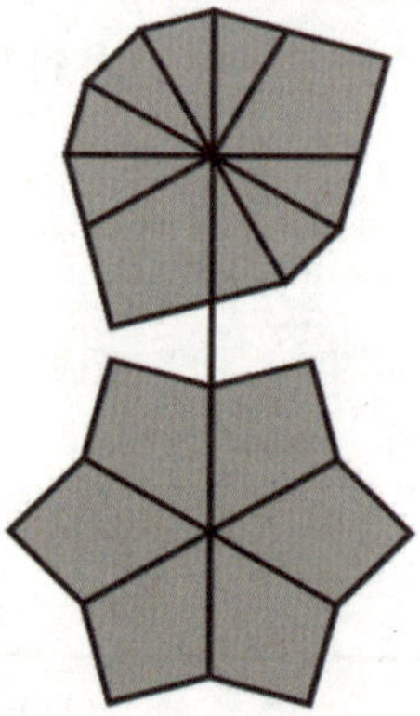

/(-4,0)/(5,4)/(2,-3)/(-5,-4)/(6,-3)/

角块颜色分离

复形完成后，第二步是角块颜色分离，就是把不同特征颜色（白色和黄色）的角块上下分离。而哪个颜色在上、哪个颜色在下，可以随意。

基本公式：

(1,0) / (-1,0)

(1,0) / (-3,0) / (-1,0)

(1,0) / (-3,-3) / (-1,0)

(1,0) / (-3,0) / (-3,0) / (-1,0)

上面四个情况的公式中**标红**的部分是**核心部分**，开头的(1,0)作用是使顶层和底层保持正方形不被破坏，末尾的(-1,0)作用是使顶层回到原位。

其实这一步和四阶的最后两中心很像，都是先组成一条，然后合并中心。大家可以把核心部分的公式和四阶对应情况的公式对比体会一下，理解后甚至可以不用背公式就完成这一步！

棱块颜色分离

和角块一样，这一步是把不同特征颜色的棱块分离开来，而某种颜色的棱块的去向，是根据相应颜色的角块位置来确定。完成这一步后，顶面和底面各自只有一种颜色，如下图所示。

基本公式：

(1,0) / (−1,−1) / (0,1)	(0,−1) / (−3,0) / (4, 1) /(−4, −1) / (3,0) / (0,1)

角块归位

这一步是把顶层和底层的角块各自调整到正确位置，完成8个角块的归位。

这一步的观察可以参考二阶XLL的观察技巧，就是找顶层或底层的某一侧面，是否有两个角块同色。如果某一层的四个侧面都没有同色，那么就是对角换，如果有一个侧面是同色，那么就是邻角换。

基本公式：

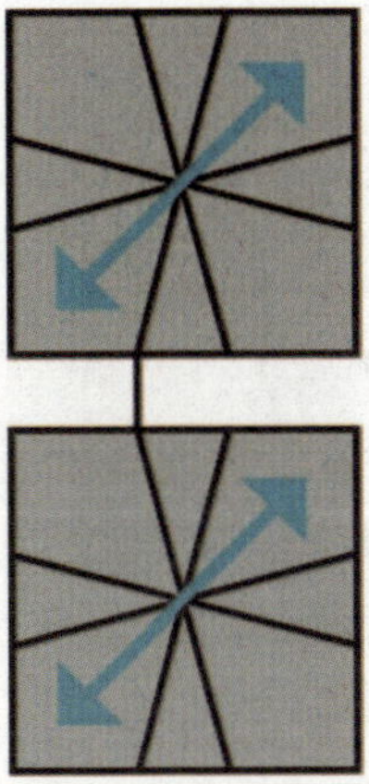

/ (−3,3) / (−3,3) / (−1,1)

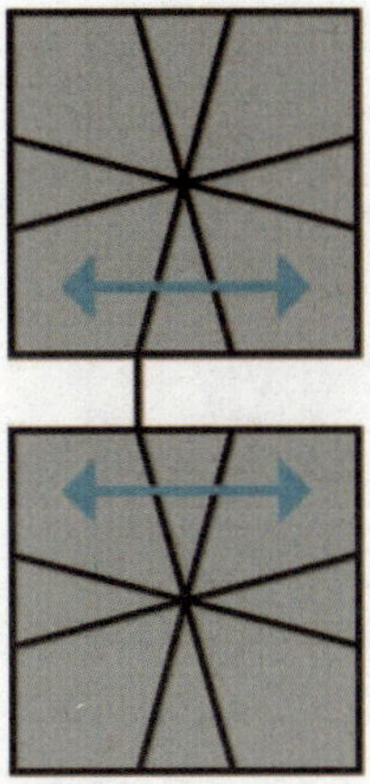

/ (−3,0) / (3,3) / (0,−3) /

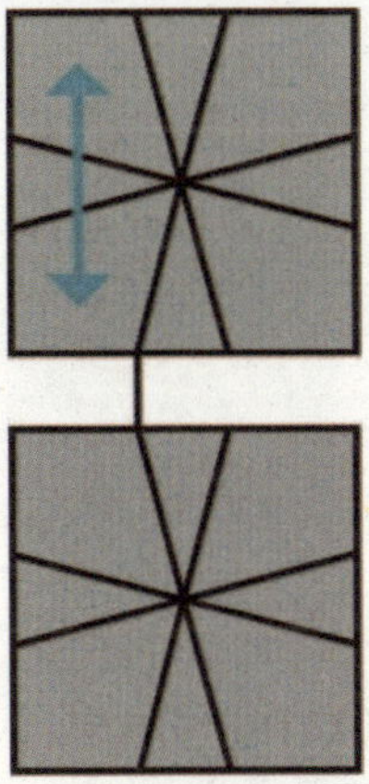

/ (0,3) / (0,−3) / (3,0) / (−3,3) / (3,0) /

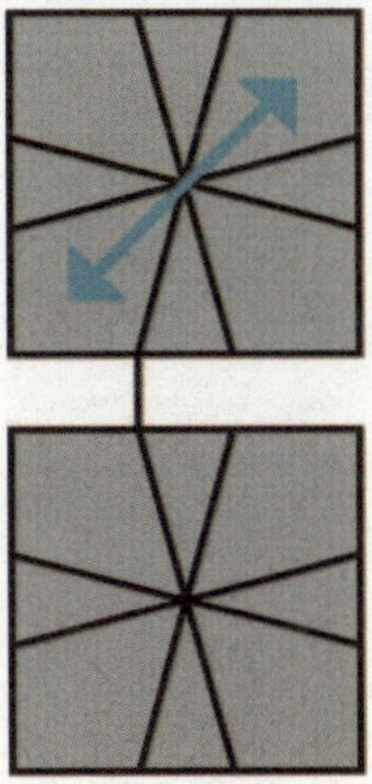

/ (3,0) / (−3,0) / (0,3) / (0,3) / (−3,0) / (3,0) /

棱块归位

这一步是把顶层和底层的棱块各自调整到正确位置，完成8个棱块的归位。

基本公式：

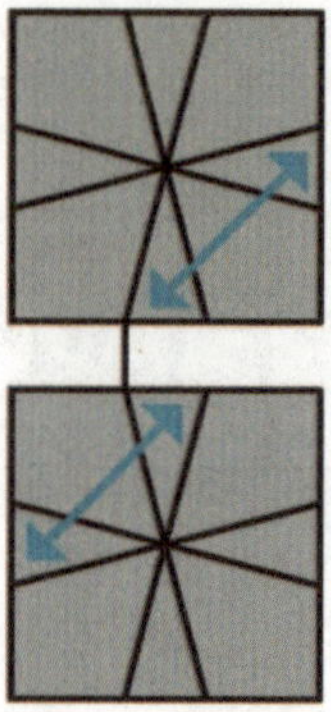

(1,0) / (0,3) / (−1,−1) / (1,−2) / (−1,0)

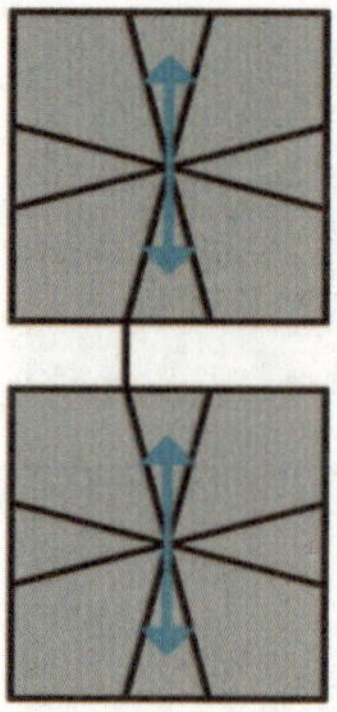

(1,0) / (5,−1) / (−5,1) / (5,0)

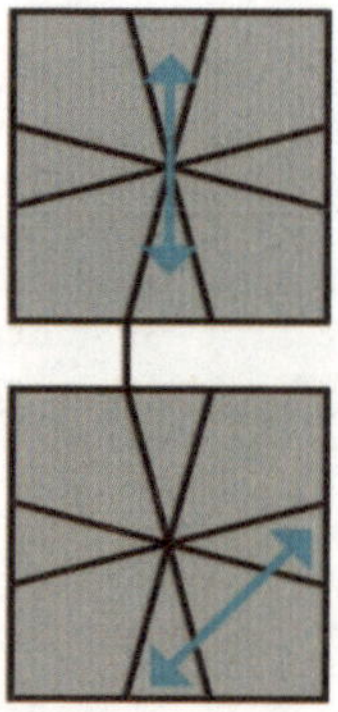

(0,−1) / (0,1) / (0,3) / (1,0) / (−1,2) / (0,1) / (0,3) / (1,0) / (−1,0)

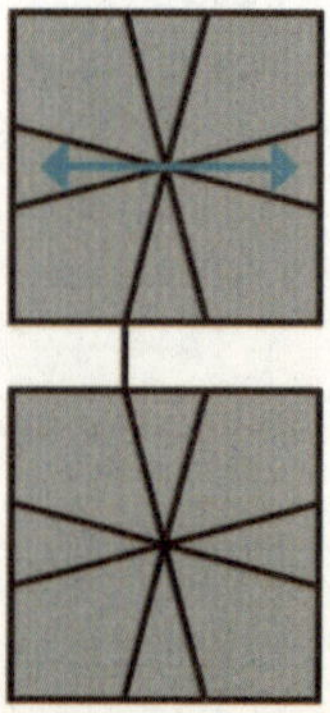

/ (3,3) / (−1,0) / (2,−4) / (4,−2) / (0,−2) / (−4,2) / (1,−5) / (3,0) / (3,3) / (3,0)

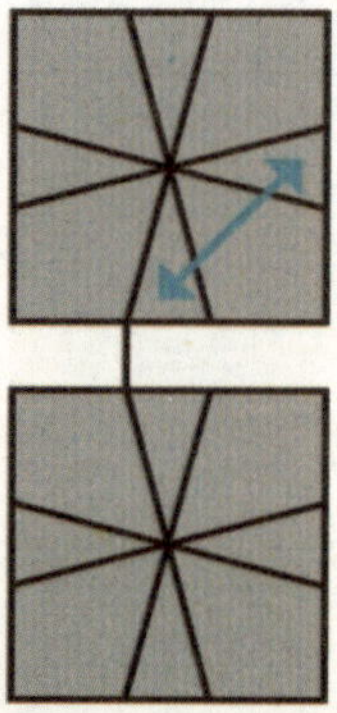

/ (−3,0) / (0,3) / (0,−3) / (0,3) / (2,0) / (0,2) / (−2,0) / (4,0) / (0,−2) / (0,2) / (−1,4) / (0,−3) /(0,3)

调整中层

完成顶层和底层的复原后，最后再来调整中层。中层共有三种情况，下面是三种中层情况的图示和对应的公式。

(1,0) / (6,6) / (-1,0)	/ (6,0) / (6,0) / (6,0)	/ (6,0) / (0,6) / (-1,-5)

05 魔方的花式玩法

所谓“花式玩法”，就是用各种花式公式，在魔方上做出漂亮的图案，高阶魔方还可以用特定的公式在各个面上拼出好看的形状，甚至是字。花式玩法开辟了魔方的娱乐玩法，特别是高阶拼字，很考验一个人的耐心和毅力。大家可以在练习复原魔方之余，玩玩花式，放松一下心情。也可以把各种花式图案的做法和高阶拼字的技巧教给小朋友或老人，作为一种手脑结合的游戏，可以培养小朋友的独立思考能力和坚持的毅力，对于老年人也有增加生活乐趣、锻炼手指和大脑的作用。

三阶花式图案

六色棋盘	三色棋盘

L2 R2 F2 B2 U2 D2	D2 F2 U' B2 F2 L2 R2 D R' B F D' U L R D2 U2 F' U2

续表

六面彩条  R2 U2 R2 L2 U2 L' R'	四面斜线  (F B R L)3
大小魔方  F D2 B (U L')3 B' D2 F U2 R2 F2	大中小魔方1  R U' L F U' R2 U2 R U R' U2 D' L D F2 L2 U
大中小魔方2  U2 B R2 B L U D' L F B' U' B' D' F2 D' R2	六面回字  U' D F' B L R' U' D
六面十字  B2 F' L2 R2 D2 B2 F2 L2 R2 U2 F'	四面十字  D F2 R2 F2 D' U R2 F2 R2 U'

续表

双色十字  (U' D F' B L R' U' D) (L2 R2 F2 B2 U2 D2)	六面凹字1  F2 L' R B2 U2 L R' D2
六面凹字2  U' D' R2 B2 U D' F2 L2 U2	六面凸字  U2 D B2 R2 L2 B R2 L2 D F B' R L F2 B2 L B R
四面I字  R2 U2 R2 L2 U2 L2	六面H字  R2 B2 U2 R2 L2 U2 F2 R2
六面L字  D2 L2 D R2 U B2 U2 B R' B' D B2 R' F R2 F' U R'	六面U字  U D' B D' L' R F D' B' D' U L

续表

六面T字  R2 U2 F2 R' L B2 D2 R L	四面Z字  (F B R L)3 U2 D2
四面O字  R2 L2 U D' F2 B2 U D'	"CCTV"  R L U2 R' L B2 D2 U2 L2 F2
"I ❤ U"  (D2 R)2 D2 R' D2 B2 L2 (F2 R')2 B2 L2	

高阶花式拼字

高阶魔方可以用特定的公式，在中心块范围内拼出各种形状，甚至是汉字。

这个公式是：MR' MU MR MU'

这个公式的作用是交换F、R、U面的三个中心块，同时也交换B、L、D面的三个中心块。其中MR或MU是和R层或U层平行的某一中层，按照R或U的方向旋转。这个公式也可以记作：**下顺上逆**。但如何确定是哪两层呢？这就要看你想让哪三个中心块交换了。

下面以五阶魔方为例。左图中深灰色标出的位置是三个要交换的中心块。而右图中用深灰色标出了这三个中心块所在的两个中层，这两个中层就是MR层和MU层。

确定了这两层的位置，那么就可以直接做公式了。做完后的效果如下。

可以看到三个面的三个中心块被交换了。利用这个原理，就能用不同颜色的中心块拼出各种形状，如下图的“T”字形。

而魔方的阶数越高，越能拼出复杂的形状，甚至拼出各种汉字也是轻而易举。大家可以去尝试一下。

Chapter 06

魔方生活

01 与家人、朋友一起玩

02 测速让你进步更快

03 你可以交流学习的魔方网站

01 与家人、朋友一起玩

与家人、朋友一起玩

正如其他娱乐项目一样，一个人自己玩魔方可能很快就会厌倦了，觉得枯燥乏味。但如果大家聚在一起互相学习交流、分享进步的快乐，甚至比赛PK，就会有意思得多。但是，我们的周围也许并没有魔方玩家，那么我们该怎么办呢？

我们可以在自己学会魔方复原之后教我们的家人复原魔方。他们可能也曾经被这样一个小小的魔方困扰过，甚至他们也曾有过想要复原魔方的想法。因此，我们可以教我们的家人复原魔方，让他们也能体验到复原魔方的快乐和成就感。一家人其乐融融地在一起学习魔方，可以增进彼此的感情，减掉工作学习中的压力，让家庭气氛更加和睦。而在一家人都学会复原魔方后，甚至还可以展开家庭魔方比赛。

我们也可以让周围的朋友们学会魔方。我们的朋友大都是同龄人，当他们知道我们可以成功的复原魔方之后，无论是好奇或羡慕，自然会有兴趣来接触和学习魔方。当这些朋友们也学会了复原魔方，这时就出现了一个魔方爱好者的小圈子。而这个小圈子的出现，会不断地吸引越来越多的魔方爱好者，变成更大的魔方团体，可以组成学校社团甚至是俱乐部。有了这么多的朋友一起玩魔方，大家就可以在一起交流还原技巧、经验和心得等。大家也可以互相PK，比谁复原魔方更快，激发热情，共同进步。还可以玩团体合作复原，增进大家之间的友谊。

当然，我们也可以在网络中寻找魔方爱好者，虽然未曾谋面，但是大家都有一颗热爱魔方的心。在网络中，同样也可以互相交流，传授经验，大家也可以进行在线PK。通过网络，我们可以认识更多的魔方玩家，提高我们的人际交往能力，网上各种资料对我们的魔方水平也会有很大的提高。在本章的第三节里有魔方交流平台网站的介绍，这些网站都是魔方爱好者的聚集地，大家可以尝试加入他们，一起感受魔方带来的快乐。

02 测速让你进步更快

当你学会了基本的魔方还原方法，而又想进一步挑战自己，希望缩短复原魔方的时间，提升速度，那么你肯定会开始为自己计时。把每次的复原时间记录下来，然后一次接着一次地练习复原魔方，尝试超越之前的纪录。这个过程就是通常意义上的测速。

测速通常是“打乱魔方—计时开始—复原魔方—计时结束—记录时间”这样一个过程的循环。这个过程看似单调乏味，其实不然。测速是一个很重要的过程，我们可以通过测速学习到很多东西，并且可以不断提高自己，超越自己。

测速的作用

测速是每个魔方玩家想要成为魔方高手的必经之路。

首先，测速可以让你对整个魔方的复原步骤有一个整体的把握和全面的认识，把每一个步骤都牢记在心，然后串联成一个整体。初学者常常会出现复原过程中，突然不知道自己做到了哪一步，以及下一步是什么，这就是对整体复原过程的掌握不够的表现。只有先掌握全局，熟知其中的各个步骤，才能进一步对每个步骤的细节进行优化。

再者，测速对熟悉每个复原步骤的各种情况以及对应的公式也有很大的帮助。每一次复原过程都会遇到各种情况以及所对应的公式，刚开始可能会一时反应不过来，不知道这个情况应该用哪个公式来处理，或者知道用哪个公式却忘了怎么做。这些都是对情况和公式的熟悉度不够造成的。那么在这种情况下，回头去翻一翻前面章节中讲过的相关公式，对照着做，然后再在脑海里回想一下，保证下次再遇到时不会忘记。这样每做一次，对该公式的熟悉度就会提高一些，当我们下次再遇到这种情况的时候，就能很快解决。到最后就能做到完全不用翻书就能独立复原魔方。大量的测速会让我们不断的熟悉各种情况，并熟练地运用公式去解决，我们，也正是在这种熟练中不断的进步。

第三，测速会让我们更加注重复原过程中的一些细节。我们已经熟悉了复原的各个步骤，掌握了各种情况，并记住了所有公式，但是复原魔方的时间仍然很久。这时，细节就显得尤为重要：在复原魔方的过程中，每一个步骤进行完成后，我们对下一步都有一个观察反应的时间。这段时间我们是用来思考着下一步该做什么，是什么情况，该用什么公式去做。思考的越多，停顿时间就会越长，整体复原时间也会加长。

因此，减少观察反应时间是一个提速的好办法。其关键还是在于熟悉每一种情况的特点，每次遇到都能快速抓住特点，达到快速判断反应的目标。不要小看缩短观察反应时间的作用，它对整个复原时间的作用是很大的。比如在用三阶魔方入门玩法进行复原的过程中，如果我们每两个步骤之间的反应时间缩短1秒，那么我们总共就可以节省接近10秒的时间！

复原过程中每做一个步骤都需要转动很多次魔方，那么，提高每一次转动的速度，也可以缩短还原的时间。

和观察反应一样，转动速度的提高也需要对每个公式足够熟悉，不是靠记忆字母，而是用手指记住一串连续动作，也就是“肌肉记忆”。“肌肉记忆”可以让做公式变成像刷牙洗脸那样自然，不必做一步想一步，很连贯地就做完了。做公式的手法也是很重要的，好的手法可以让你快速顺畅地做公式，减少因为没转到位而造成的卡顿。手法是在长时间的练习中慢慢积累起来的，因此初学魔方时学习一套好的手法尤为关键。

大家可以在网上多看高手的手法或慢速复原视频来学习手法。针对公式提速的练习方式，就是对某个公式进行单独测速。这种方式的好处就是专一性强。如果你对某个公式不太熟悉，或者这个公式太长太难做，每次遇到都会花费很长时间来处理，甚至做到中途就混乱了，那么你就可以尝试这种方法。而如果对于这个公式甚至还没有完全背下来，在做的时候会突然忘记，那么首先要把这个公式反复做，做到不会忘记。然后再进一步加入计时，慢慢地缩短做这个公式的时间。缩短做公式的时间，也可以带来整个复原时间的大幅提升。例如按照三阶入门玩法，复原一个魔方平均要12个公式，那么如果你能把每个公式的完成时间缩短1秒，加起来整个复原时间就能减少12秒！

还有，测速中每一次的突破，都会让你的信心倍增，体会到进步的满足感、成就感，感觉自己离真正的魔方高手又近了一步。这也是一个人不断进取、不断超越的本能。你也可能会在某段时期遇到瓶颈期，就是不管怎么测速都突破不了自己原来的纪录。这时候你应该静下心来，寻找自己薄弱的方面，例如手速、连贯性、反应速度等。然后有针对性地对这些薄弱方面进行测速和练习，这样到最后总能成功超越自己。付出无数努力，最后终于获得成功，这种成就感也是魔方的乐趣之一。

计时工具的选择

测速中用到的计时工具，大家第一时间想到的可能是秒表，或者有秒表功能的手表。它们确实能起到为复原魔方计时的作用，但考虑到开始和结束计时的方便性，大多数有条件的魔方玩家都会选择电脑或触屏手机的魔方计时软件来计时。这些软件一般都有保存成绩、计算平均成绩、提供打乱公式等功能。可以很方便地记录下自己的成绩变化，了解自己目前的水平。下图就是电脑上用的一个计时软件的界面。

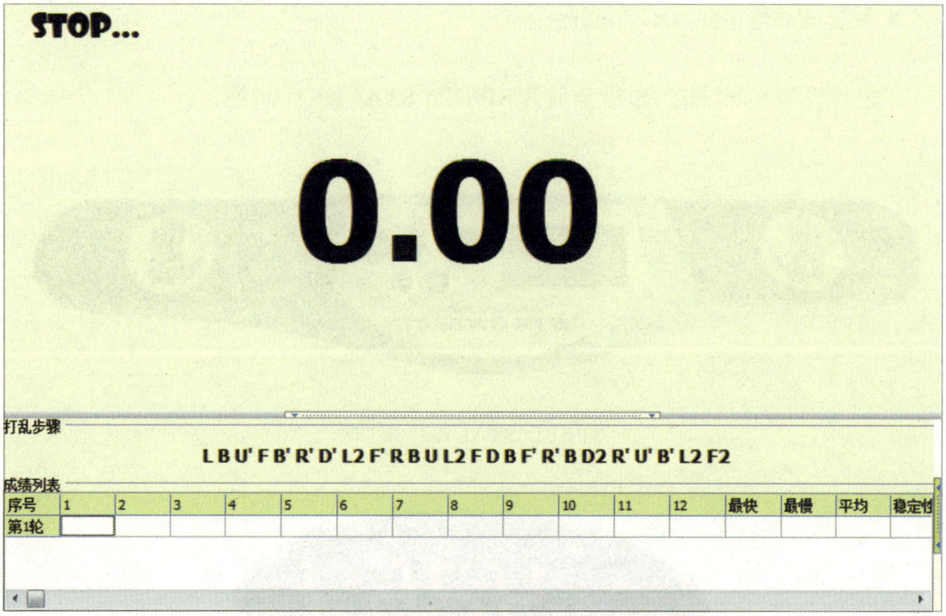

混沌计时器

“打乱公式”并不是一种公式，准确说来应该叫“打乱步骤”，它是软件随机提供的一段魔方转动步骤。相比于自己随手打乱，按照软件提供的打乱公式来打乱的话，魔方的状态更加随机，不会像自己随手打乱那样出现两次复原都是同种情况的问题。而且如果你想要重现之前某一次复原的魔方状态，可以找到对应的打乱公式，再照着打乱一次，就能得到和之前一模一样的魔方状态。这样可以方便自己的查找，以及不同魔方玩家之间对各自复原步骤的学习和交流。而且照着打乱公式打乱，对于熟悉各种字母符号的含义有很大的帮助。对于转动符号含义的记忆有困难的玩家，可以在测速的同时，反复照着打乱公式打乱，每一次打乱都是对各种字母含义的复习，这比起直接背转动符号表的记忆效果要好很多。

常见的电脑魔方计时软件有：

- 程序类：CCT计时器、混沌计时器
- 网页类：qqTimer、csTimer
- 手机IOS平台：ChaoTimer

- 手机安卓平台：DCTimer

在正规比赛的时候，通常会使用SPEED STACKS计时器。

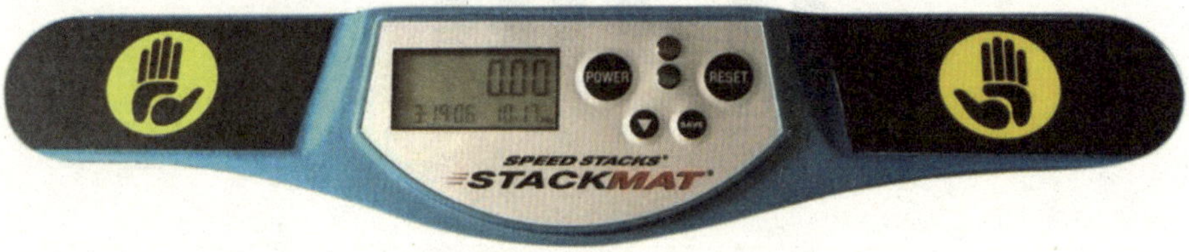

SPEED STACKS计时器

大型显示器

如上图所示SPEED STACKS计时器是一个实体的长条状的魔方专用计时器。开始计时前需要把双手放在两端的触摸区域，等中间的绿灯亮了，再把手拿开，它就自动开始计时了。结束计时的方式是再次把双手放在两端的触摸区域，计时器就会停止。而且这种计时器可以连接一个大型显示器，立在桌子边缘，在正规比赛中常常会看到，它可以让远处的观众也能看到时间显示，方便录视频。

另类测速方法的尝试

大家如果对单个魔方测速这种单一的测速方式感觉到枯燥和厌倦，那么不妨尝试一下多个魔方一起测速。例如，三个已经打乱好的三阶魔方，在桌子上放成一排，然后依次进行复原，直到把三个魔方都复原为止。这对你的注意力、手指耐力、复原魔方的熟悉程度都是一个新的挑战。甚至在你学会四阶和五阶魔方的复原后，可以尝试把三阶、四阶、五阶魔方放在一起，在一次测速中全部复原。这样混合起来测速，你会体会到不一样的乐趣。这种测速方式在魔方界也是很普遍的，甚至有对应的非官方视频纪录。其中最普遍的就是三个三阶连拧、三四五阶连拧、二三四五六七阶连拧。

03 你可以交流学习的魔方网站

一些有用的魔方网站

教学类魔方网站

在网上有很多魔方教学网站，上面会提供各种魔方的相关知识和复原方法，大家可以在看本书的同时去这些网站“充充电”。

魔方小站：http://www.rubik.com.cn/

魔方乐园：http://www.mf100.org/

交流平台类魔方网站

除了魔方教学网站，还有几个魔方交流平台，在上面有全国各地甚至世界各地的魔方爱好者，大家在一起交流信息、分享心得、共同进步。这些平台上也有各种详细的魔方资料，大家可以参考学习。

中国魔方俱乐部（mf8论坛）：http://bbs.mf8-china.com/

百度贴吧—魔方吧：http://tieba.baidu.com/魔方

SS论坛（国外）：http://www.speedsolving.com/forum/forum.php

世界魔方协会官方网站

WCA官网上可以看到每次WCA比赛的成绩，以及各个项目的纪录，还有WCA比赛规则。

WCA官方网站首页：https://www.worldcubeassociation.org/

各个项目纪录页面：https://www.worldcubeassociation.org/results/regions.php

比赛事件页面：https://www.worldcubeassociation.org/results/competitions.php

WCA比赛规则页面（英文原版）：https://www.worldcubeassociation.org/regulations/

中文版WCA比赛规则：https://www.worldcubeassociation.org/regulations/translations/chinese/

网页类计时工具

qqTimer网址：http://www.qqtimer.net/

csTimer网址：http://www.cstimer.net/

附 录

01 WCA各个比赛项目的世界纪录

02 手部极限运动简介

01 WCA各个比赛项目的世界纪录

WCA各个比赛项目的世界纪录（截止到2020.8.18）

三阶速拧				
	成绩	保持者	来自	详细成绩
单次	3.47	杜宇生	中国	／
平均	5.53	Feliks Zemdegs	澳大利亚	7.16 5.04 4.67 6.55 4.99

二阶速拧				
	成绩	保持者	来自	详细成绩
单次	0.49	Maciej Czapiewski	波兰	／
平均	1.21	Martin Vædele Egdal	丹麦	1.06 1.09 1.64 1.47 1.07

四阶速拧				
	成绩	保持者	来自	详细成绩
单次	17.42	Sebastian Weyer	德国	／
平均	21.11	Max Park	美国	21.01 22.00 20.31 19.28 24.79

五阶速拧				
	成绩	保持者	来自	详细成绩
单次	34.92	Max Park	美国	／
平均	39.65	Max Park	美国	40.34 36.06 42.65 40.82 37.80

六阶魔方				
	成绩	保持者	来自	详细成绩
单次	1:09.51	Max Park	美国	／
平均	1:15.90	Max Park	美国	1:09.51 1:23.93 1:14.27

七阶魔方				
	成绩	保持者	来自	详细成绩
单次	1:40.89	Max Park	美国	／
平均	1:46.57	Max Park	美国	1:54.24 1:42.12 1:43.34

三阶盲拧				
	成绩	保持者	来自	详细成绩
单次	15.50	Max Hilliard	美国	/
平均	18.18	Jeff Park	美国	16.77 18.32 19.44

三阶最少步				
	成绩（步数）	保持者	来自	详细成绩
单次	16	Sebastiano Tronto	意大利	/
平均	21.00	Cale Schoon	美国	23 18 22

三阶单手				
	成绩	保持者	来自	详细成绩
单次	6.82	Max Park	美国	/
平均	9.42	Max Park	美国	9.43 11.32 8.80 8.69 10.02

三阶脚拧（该项目已被移除）				
	成绩	保持者	来自	详细成绩
单次	20.57	Jakub Kipa	波兰	/
平均	28.16	Jakub Kipa	波兰	32.86 21.83 29.79

五魔				
	成绩	保持者	来自	详细成绩
单次	27.22	Juan Pablo Huanqui	秘鲁	/
平均	30.39	Juan Pablo Huanqui	秘鲁	30.12 28.50 31.19 29.97 31.07

金字塔				
	成绩	保持者	来自	详细成绩
单次	0.91	Dominik Górny	波兰	/
平均	1.86	Tymon Kolasiński	波兰	1.05 2.13 2.30 1.94 1.51

魔表				
	成绩	保持者	来自	详细成绩
单次	3.29	孙铭志	中国香港	/
平均	4.38	娄云皓	中国	4.16　4.81　5.12　3.85　4.17

斜转				
	成绩	保持者	来自	详细成绩
单次	0.93	Andrew Huang	澳大利亚	/
平均	2.03	Łukasz Burliga	波兰	2.48　1.91　1.71　1.39　4.98

SQ-1				
	成绩	保持者	来自	详细成绩
单次	4.95	Jackey Zheng	美国	/
平均	6.54	Vicenzo Guerino Cecchini	巴西	6.15　7.37　6.04　6.11　DNF

四阶盲拧				
	成绩	保持者	来自	详细成绩
单次	1:02.51	Stanley Chapel	美国	/
平均	1:08.76	Stanley Chapel	美国	1:02.51　1:14.05　1:09.72

五阶盲拧				
	成绩	保持者	来自	详细成绩
单次	2:21.62	Stanley Chapel	美国	/
平均	2:27.63	Stanley Chapel	美国	2:32.48　2:28.80　2:21.62

三阶多个盲拧				
	复原个数/总个数 时间	保持者	来自	详细成绩
单次	59/60 59:46	Graham Siggins	美国	/

02 手部极限运动简介

手部极限运动（xhandgame）是以手为核心，利用各种道具物品来完成高难度动作的运动。手部极限运动有很多种，魔方就是其中之一，其他的还有转笔、飞叠杯、悠悠球、剑玉、手指滑板、花式切牌、花式硬币、花式火机（ZIPPO）、水晶球等。

由于这些运动的动作具有快速或者高难度的特点，有一定的挑战性和观赏性，因此在喜欢展现自我的年轻人中间比较流行。

由于手部极限运动的核心部位是手（特别是手指和手腕），会涉及到比较复杂的手部动作，因此对于训练协调能力、反应能力、观察能力有一定的作用。

在空闲的时间玩玩各种手部极限运动是一个不错的选择，而且比起坐在电脑前沉闷地玩游戏，手部极限运动几乎可以在任何地点玩，是一种自由健康的新型娱乐方式。如果一个手部极限运动的玩家能带动或找到附近一起玩的人，就可以组成一个有着共同兴趣爱好的小群体。大家在这样一个群体中互相认识，然后一起交流玩耍，也是一件很有意思的事。因此手部极限运动无论对于自身能力的训练、兴趣爱好的培养还有朋友群体的建立，都是一种很好的方式，大家不妨都来尝试体验一下！

下面简单介绍几个除魔方外的手部极限运动，方便大家了解相关知识。大家如果有兴趣甚至可以加入他们的群体，一起来感受手部极限运动带来的魅力。

转笔

转笔想必大家在学生时代都玩过，无聊的时候拿起手中的笔，在手指间转动几次，是一件很有意思的事。而在当时能完成各种高难度动作的转笔高手们，更是成了大家崇拜的对象。因此转笔是一项既有趣又富有挑战性的运动。

当你进入到转笔爱好者这个群体中，会发现其实转笔远比你之前想象的要复杂得多。转笔的动作招式系列有Around、FingerPass、Sonic、Charge、Infinity、Tap、spin等，共有多达上百种不同的动作招式。而把各个招式组合连贯起来，就能形成一套独特的转笔表演动作，具有很好的观赏性。

转笔爱好者们所用的笔也跟普通的笔有所区别，是经过特别改造的一种专用笔。这种笔在重量、重心、长度上更适合于在手指间的转动，因此对于高难度动作的完成是必不可少的道具。

为了让转笔这项运动更好地发展，改掉转笔在人们心中“影响工作学习”的坏印象，爱好者们也制定了一些原则：

❶ 正式场合不能转笔。

❷ 认真练习，熟练前不在他人面前演示。

❸ 以正途发展转笔。

飞叠杯

飞叠杯的正式名字是Sport Stacking（竞技叠杯），是一项以快速叠杯子为方式的竞技运动。由于比拼的是速度，叠杯时杯子如同在空中飞舞一样，因此飞叠杯（Flyingcup）也是一个很形象的称呼，同时也是某个竞技用叠杯的品牌名称。飞叠杯主要考验的是手的“快”和“准”，因此对于追求速度感的年轻人来说，是一项很有魅力的运动。

飞叠杯竞技的方式是按照特定的规则和叠放顺序，完成整个叠杯过程，并记录下所花的时间。而且在飞叠杯的正式比赛中，分为3-3-3、3-6-3、Cycle、双人和接力这几个项目，每个项目都有各自的世界纪录。和转笔一样，飞叠杯所用的杯子也是特制的。

飞叠杯的材料一般是硬塑料，在杯子的底部设计有通风孔，帮助减少空气阻力。除此之外飞叠杯上还有其他的一些细节方面的设计，这些设计的目的都是为了能更快更顺畅地完成叠杯动作。另外，现在的魔方专用计时器其实最初是用于飞叠杯的计时，后来才沿用到魔方复原的计时。因此在这个层面上，飞叠杯与魔方有着密不可分的关系。

悠悠球

悠悠球是我们小时候经常玩的一种玩具，其构造是一个绕着线的轮子形的球，将悠悠球扔出去，它会在线的末端旋转停留一段时间，然后自动收回。

悠悠球其实有着很古老的历史，相传最早的记录是在16世纪，当时是在绳子末端悬挂重物，来作为一种狩猎武器。而“yo-yo”的发音是原自菲律宾的土语（Tagalog），意思是“回来”。

如今，悠悠球也不再是单纯的小孩玩具，而是演变成了一项具有表演观赏性的手部极限运动。和转笔一样，悠悠球也发展出了几百上千种不同的动作招式。多种动作招式的组合，构成了令人眼花缭乱、目不暇接的悠悠球表演。悠悠球的花式玩法也有着不同的专业组别：单球线上花式（1A）、双手回旋花式（2A）、双手线上花式（3A）、离绳花式（4A）、离手花式（5A），每个组别相当于一个项目。在比赛中会规定参赛者能采用的组别，然后根据选手的动作难度、观赏性、流畅性来进行打分。

剑玉

剑玉源自于法国的游戏Bilboquet，意思是杯子和球的游戏。最初是一个杯和一个球，后来演变成一个球与一个洞，然后慢慢又增加了木棒，并尝试用木棒尖端插球。在17世纪初，Bilboquet传到了日本，并开始流行起来。日本人对其进行了外形改造，逐渐就发展成了我们现在所见到的“剑玉”。

剑玉的玩法是运用手腕以及整个身体的动作，将球准确地落到球竿的上、下、左、右各个部位，并稳稳地接住。剑玉考验的是手和身体的控制力和协调性，是一种适应面很广的休闲娱乐方式。同时，剑玉的各种高难度动作以及它们的组合，发展出了几百上千种不同的玩法，因此具有一定的竞技性和观赏性。在日本也有剑玉的颠球和难度比赛，而且还设立了1-6段的段位来区分各个参赛者的水平高低。

手指滑板

手指滑板顾名思义，就是用手指代替脚来控制滑板做出各种高难度的动作。手指滑板在外形甚至内部结构上都与普通滑板极其相似，只是在尺寸上缩小到了手指能控制的程度。

手指滑板据说是由一位美国的滑板爱好者，为了在雨天也能练习滑板技巧，所发明出的一种新型手部极限运动。因此手指滑板作为滑板的一个替代品，可以让滑板爱好者不受天气的影响来享受滑板的乐趣。同时也为滑板爱好者甚至专业运动员，在滑板路线和各种技术动作方面上的研究和交流，提供了一个方便的小道具。

手指滑板的控制看似简单，实际上是需要高超的手指技巧，才能流畅地完成一系列的高难度动作组合。由于是用手指控制滑板，因此比普通滑板运动更安全，不用穿戴防具防止受伤。而且手指滑板小巧的外观也使得其具有方便携带、不受地点限制等优势。因此手指滑板正在年轻人当中成为一项越来越流行的休闲娱乐运动。

花式切牌

花式切牌（cardistry）简称花切，是一种扑克牌的花式玩法。在牌类魔术中也经常能看到花切的技巧，但是花切并不是魔术，因为它没有魔术那样的欺骗效果，而是实实在在地用华丽高超的扑克牌操控技术来进行表演的技巧性项目。

花切的主要手法类别有切牌、洗牌、展牌、移牌、出牌，每个类别有很多种不同的动作，具有一定的难度和观赏性，因此花切可以作为一个观赏性很强的独立表演项目。花切对每根手指的动作要求和控制力都有很高的要求，每个技术高超的表演者都需要付出大量的练习来掌握相关手法技巧，甚至开发出原创的手法动作来进行表演。